Opération Moonwalk

De Jean-Félix de La Ville Baugé

Magnifique, roman, Télémaque, 2023, Pocket, 2024 (Prix de littérature générale Louis Barthou de l'Académie française).

Seuls nos sourires, roman, L'Inventaire, 2018.

Dieu regardait ailleurs, roman, Plon, 2013.

Votre fils, roman, Plon, 2004.

Entre deux cils, roman, Plon, 2002 ; Pocket, 2004.

Éditions Télémaque, 92, avenue de France, 75013 Paris
www.telemaque.com
ISBN : 978-2-7533-0509-0

Arash Rafii
Jean-Félix de La Ville Baugé

Opération Moonwalk

ROMAN

Éditions SW Télémaque

Arash Rafii est chirurgien et chercheur en biologie.

D'après sa mère, il mériterait le prix Nobel mais elle ne fait pas partie du comité de sélection, ce qui est fort dommage. À noter que, pour les cérémonies de remise de prix, il serait opportun de remplacer les menus suédois à base de hareng par une cuisine digne de ce nom, c'est-à-dire iranienne. Si sa mère intégrait ledit comité, elle préparerait les buffets des cérémonies.

D'origine iranienne, il a bénéficié de la magnifique éducation française dans des écoles de prestige qui lui ont permis de se doter d'un bagage multiculturel.

@artin_paris

La mère de **Jean-Félix de La Ville Baugé** lui répétait souvent pendant son enfance : « Avec toi, cela ne se passe jamais comme prévu. »

Depuis, il s'exerce à ne pas la faire mentir en étant tour à tour avocat à Paris, humanitaire au Rwanda, au Cambodge, au Darfour, en Tchétchénie, en Irak, directeur d'un journal à Moscou, vigneron, romancier…

@jeanfelixdelavillebauge

www.jeanfelix.co

Ce livre est le fruit d'une amitié. Par lui, nous avons voulu faire voir le peuple d'Iran.

Il est dédié aux femmes et aux hommes qui se battent contre la tyrannie.

Femme Vie Liberté,

Arash Rafii
Jean-Félix de La Ville Baugé

À R, ma seule certitude.

Pour Leis-Enso, tout est possible, il faut juste essayer.

Pour ma Mère (à la place du Nobel) et mon Père (eh oui l'Iran c'est mieux.)

Pour toute ma famille (qui sinon m'en voudrait de ne pas être citée. Eh oui, je viendrai manger un morceau dès que je peux.)

Pour mes racines profondément persanes.

Pour mon feuillage passionnément français.

Merci pour le chemin parcouru JF,

Arash Rafii

À ma mère.

Grâce à Marie.

Pour Balthazar, Lumir, Lyor, Méroé.

En témoignage d'amitié à Arash,

Jean-Félix de La Ville Baugé

Lettre au lecteur

Comme vous le savez, à partir du 12 juin 2009, un mouvement contestant l'élection de Mahmoud Ahmadinejad à la présidence iranienne se propage dans le pays. Appelé « révolution verte » ou « révolution Twitter », ce mouvement à la direction peu affirmée fut près de renverser le régime, principalement grâce aux réseaux sociaux, et ce, bien avant les printemps arabes.

Le 25 juin 2009, la nouvelle de la mort de Michael Jackson inonde Internet et fait oublier la révolution verte.

Ce précieux texte que vous tenez entre les mains raconte comment ces deux événements en apparence étrangers sont intimement liés.

Si vous n'êtes pas un lecteur quotidien de la presse iranienne, vous ignorez que Mahmoud Ahmadinejad a souhaité commémorer les dix ans de la mort de Michael Jackson, ce qui peut paraître incongru pour un ancien président iranien, sauf s'il doit son élection aux tragiques événements qui ont emporté le roi de la pop.

Arash Rahi

Jean-Félix de La Ville Baugé

Behind the mask

Reza, général en chef des Gardiens de la Révolution[1], entra avec appréhension dans le bureau d'Ali Khamenei. Le Guide suprême le convoquait rarement, mais, à situation exceptionnelle, mesure exceptionnelle. Il fut surpris de découvrir Mahmoud Ahmadinejad assis devant le Guide.

— Excellence, Monsieur le Président, *salam aleikum, dar khedmat* – à votre service.

— Reza Jan, *khasteh nabashid* – ne soyez pas fatigué –, dit le Guide. Pouvez-vous nous faire un point de la situation ?

— Les manifestations continuent mais...

— Je suis fatigué de toute cette populace dans la rue. Vous pensez qu'il s'agit juste de sauver Mahmoud ; or ce qui est en cause, c'est le fondement de notre régime, la mission que le Prophète nous a confiée.

1. Ou Pasdaran : organisation paramilitaire dépendant directement du Guide suprême.

— Mais les résultats des votes sont clairs, j'ai été désigné président avec une large majorité, je...

— Ce n'est pas le peuple qui vote, c'est moi qui décide. À travers moi, c'est la volonté d'Allah qui s'exerce. Je suis déjà épuisé par ce désordre.

— Excellence, je pourrais demander à l'armée d'intervenir. Le seul problème est que nous sommes observés sur les réseaux, surtout Twitter.

— Est-ce que c'est vraiment important, ces réseaux ? demanda Ahmadinejad.

— Tu ne comprends vraiment rien. Ces réseaux sont importants parce qu'ils corrompent nos jeunes en leur inculquant les valeurs de l'Occident. Encore quelques mois et les femmes vont demander à enlever leur voile... Il faut frapper plus fort que d'habitude. Je veux que vous activiez l'opération Moonwalk.

— *Bebakhshin* – excusez-moi ! dit Reza.

— Reza, vous activez l'opération Moonwalk avec la VEVAK[1]. Je veux que ce soit fait en moins d'une semaine. Toi, Mahmoud, tu vas à la résidence présidentielle, tu bois du thé, tu manges des fruits et des gâteaux. Vous pouvez

1. Services secrets iraniens.

disposer, maintenant. *Rorbane shoma* – je suis votre âme –, *khoda negahdar* – que Dieu vous garde.

— *Rorbane shoma, dar khedmat* – je suis votre âme, à votre service –, dirent Reza et Mahmoud en sortant.

— Reza, dit Khameiny en l'arrêtant sur le pas de la porte. N'oubliez pas que vous êtes la dernière chance. Ne me décevez pas. *Zendeh bashid* – restez vivant.

— Je ferai tout, Excellence, pour être à la hauteur. *Khodah hafez* – que Dieu vous garde.

Wanna be starting something

Reza poussa la porte de la maison de thé, Haj Ali Darvish, au cœur du bazar de Téhéran. Il semblait tendu.

Akbar, directeur des services secrets, l'attendait en observant les reflets ambrés du thé à travers son verre transparent. Il se leva pour serrer la main de Reza.

Ils se connaissaient depuis 1982. Ils avaient gravi les marches du pouvoir ensemble, en commençant comme simples soldats au service de l'ayatollah Khomeini.

Ils aimaient se retrouver là – l'impression d'être en dehors de la ville, de leur bureau, des intrigues... Haj Ali Darvish avait résisté à toute forme de modernité, quelques tapis posés sur le sol, des backgammons sur de vieilles tables, le ronflement du samovar.

Akbar servit du thé à Reza en disposant le sucre au safran devant lui.

— Je te salue, *Dast't dard nakonad* – que ta main ne te fasse pas mal –, dit Reza.

— *Fedaye to* – que je sois sacrifié pour toi –, Reza Jan, comment vas-tu ? Et la famille ?

— Bien, Akbar, bien, tout le monde va bien, et toi ?

— Tout va très bien pour la famille, merci. Ces manifestations nous donnent beaucoup de travail, mais, grâce à Dieu, tout va bien...

— Il faut sauver les élections ! l'interrompit Reza, il y a de plus en plus de gens dans les rues, la colère monte, il va falloir agir et vite.

— Ça finit toujours par passer.

— Tu vois bien que la contestation prend de plus en plus d'ampleur sur les réseaux sociaux, le monde entier nous regarde. L'élection d'Ahmadinejad est très critiquée, on ne parle que de ça sur Twitter. Les mollahs paniquent, dit Reza en mettant un morceau de sucre dans sa bouche avant de prendre une gorgée de thé.

— D'accord, ils paniquent mais ils ne bougent pas. L'armée est calme, les meilleurs généraux de l'armée sont au Liban ou en Syrie... Des miliciens vont aller semer la terreur à droite à gauche, les gens vont rentrer chez eux et la vie reprendra son cours.

— Non ! Tout a changé, Akbar Jan. Avant, on faisait le ménage dans notre coin ; maintenant quand un manifestant se casse un ongle, les images circulent immédiatement sur Internet, les politiques commencent à hausser le ton en Occident. On ne peut pas prendre le risque de réprimer les étudiants, la rue est pleine de mères, de familles et d'enfants…

— Et alors ? Ils vont finir par se fatiguer. De notre côté, on a mis tout le monde sur écoute. Pour l'instant, on n'a pas identifié de véritables leaders, les gens descendent assez spontanément dans la rue. Sans leader, tous les mouvements finissent par s'essouffler. Si vous êtes impatients, on peut intensifier les vagues d'arrestations ?

— Non, ça ne changera rien, ça risque même de faire empirer les choses. Il faut détourner l'attention du monde occidental, il faut les prendre à leur propre jeu par un raz-de-marée médiatique. Après, on pourra lancer une vraie vague de répression et retourner à nos affaires…

— Tu veux lancer une opération spéciale ? Faire sauter un avion ?

— Non, non, c'est totalement dépassé. En plus, ça va énerver tout le monde, les Américains sont encore capables d'aller envahir un pays au hasard.

— On en remet une couche sur Israël ?

— Ça ne marchera pas… On passe plein d'accords avec eux en ce moment, ce n'est pas une bonne stratégie.

— Envoyer plus de cash au Hamas et ils nous concoctent un truc tordu eux-mêmes ?

— La seule chose que les mecs du Hamas ont faite avec les millions qu'on leur a envoyés, c'est de creuser des tunnels comme mes enfants à la plage.

— Bon... sinon on peut essayer de provoquer une contestation dans les pays arabes, un genre de soulèvement dans plusieurs pays... la révolution arabe ou j'en sais rien... « le printemps arabe », puisqu'on est en juin ! Les journalistes adorent ces expressions à la noix...

— Pas crédible une seconde, ça ne va jamais arriver, tu vois les peuples arabes se soulever contre leur régime ? Au mieux, ils changeront de dictateur.

— Reza Jan, j'ai l'impression que tu as une idée derrière la tête ?

— Tu te rappelles, Akbar Jan, qu'on avait préparé une unité spéciale pour l'opération Moonwalk ?

— Oui, vaguement... J'étais à l'étranger à cette époque mais je trouvais ça complètement loufoque, c'était une idée de l'équipe d'avant... Tu sais, quand les Pasdaran faisaient ce qu'ils voulaient avant que le Guide reprenne le pays en main. J'avais suivi ça de très loin.

— On pense que ça peut marcher.

— Tu te moques de moi, Reza ? C'est une blague ?

— Non.

— Tu es sérieux ?

— Oui ! Fini, la révolution verte, les drapeaux agités dans les rues. Personne ne s'intéressera plus à nous.

— Vraiment, tu crois que l'opération Moonwalk peut sauver le régime ?

— Akbar Jan, c'est la seule option que je vois, la plus discrète...

— Discrète ! Discrète ! Tu me prends pour un âne ?!

— On a une unité de pointe qui a travaillé des années pour ça. Akbar, c'est notre seule chance.

— Notre seule chance ? Écoute, Reza Jan, je ne suis pas sûr que ce soit l'idée du siècle. L'unité de pointe, c'était avant moi, je ne sais pas qui sont ses membres, s'ils sont prêts, s'ils seront jamais prêts...

— Il faut qu'ils le soient. Toutes les autres options sont trop compliquées, trop longues à mettre en œuvre et surtout pourraient permettre de remonter jusqu'à nous. Là, on pourra toujours dire qu'on n'était pas au courant, comme dans *Mission impossible*.

— Mais c'est un film, justement...

— Les gens pensent tous qu'ils vivent dans un film, aujourd'hui... On n'a vraiment pas le choix... Les ordres viennent d'en haut... tout en haut...

— Vraiment ?

— Oui... tout en haut.

— Ah...

— Oui, j'ai été convoqué chez le Guide suprême... Il est certain qu'il est temps de s'attaquer à l'un des symboles les plus puissants de l'Occident décadent. Le monde n'en sera que meilleur et ça nous servira pour reprendre le contrôle du pays.

— Ok, Reza, si ça vient d'en haut ça ne sert à rien de discuter, autant se mettre au travail. Je vais les retrouver. Si ça me paraît faisable, je lance l'opération.

— Tu as toute ma confiance. On n'a pas beaucoup de temps, le compte à rebours est lancé... Je te remercie vraiment, je te revaudrai ça, tu sais. Tu es un peu notre dernière chance.

— À ton service, Reza, *nokar't hastem, rabl nadarad* – je suis ton esclave, ça n'a pas de valeur.

— Non, Akbar, c'est toi le plus grand d'entre nous, tout le monde compte sur toi maintenant.

— Ah ! Tout le monde ? Vraiment ? demanda Akbar qui n'aimait pas endosser autant de responsabilité en des temps si instables.

— Oui, tout le monde, mon ami. Nous connaissons ton efficacité légendaire, nous sommes sûrs de pouvoir compter sur toi, n'est-ce pas ?

— Je m'en occupe, ne t'inquiète pas, que Dieu te garde, dit Akbar en se levant.

— *Fedaye to* – je me sacrifie pour toi –, dit Reza en continuant à siroter son thé, soulagé de savoir que la balle n'était plus dans son camp.

Akbar poussa la porte de la maison de thé, pensif et inquiet. Il savait qu'il n'avait pas le choix. On ne négocie pas avec le Guide suprême.

Les commerçants commençaient à fermer leurs échoppes. Il avait toujours aimé ces ruelles étroites. Depuis des siècles, le bazar grouillait de gens qui venaient là plus pour discuter que pour faire des achats. C'est là que battait le cœur de Téhéran.

You are not alone

Hamid, le mentor et prédécesseur d'Akbar à la tête des services secrets iraniens, pourrait sûrement lui donner des informations sur l'unité spéciale.

Akbar s'engouffra dans un vieux taxi pour rejoindre les quartiers nord de la ville. Il regardait les rues encombrées, les places et les avenues parsemées de drapeaux iraniens, de photos du Guide suprême, des leaders de la révolution islamique, des martyrs de la guerre Iran-Irak. Dans le chaos ambiant, ces portraits procuraient une sensation de calme. On avait l'impression d'avoir un lien avec ces leaders, ils faisaient presque partie de la famille. Il avait toujours trouvé leur barbe blanche bien taillée, rassurante.

Le chauffeur de taxi était silencieux, signe de très haute tension. Il ne pesta qu'une fois quand une voiture lui coupa la route : « Cet âne va rentrer ce soir chez lui en expliquant à sa femme qu'il est le meilleur conducteur au monde, alors qu'il y a au moins cinquante personnes qui ont pilé devant lui pour éviter un accident... »

Ils arrivèrent après trois quarts d'heure de conduite chahutée et d'innombrables raccourcis qui avaient significativement rallongé le trajet.

Le soleil se couchait, une odeur de jasmin flottait dans l'air. Hamid habitait toujours la même petite maison sur les hauteurs de Téhéran.

Akbar éprouvait un grand respect pour celui qui avait dirigé la VEVAC pendant plus de vingt ans. Il rajusta sa chemise, sa veste, passa la main dans ses cheveux avant de sonner. Hamid, en tenue de jardinier, lui ouvrit la porte.

— Bonjour, Akbar Jan, quelle joie de te voir !

— Je m'excuse de te déranger à l'heure du dîner, Hamid Jan.

— Pas du tout, pas du tout, tu ne me déranges jamais, j'étais dans le jardin en train de planter un très bel oranger.

— Ce n'est pas un peu tard, on est presque en été ?

— Il n'était pas prêt avant, il a été seul dans son pot pendant un an, il fallait qu'il soit assez mature pour que ses racines puissent s'intégrer dans le sol au milieu des autres arbres. C'est un équilibre délicat ; c'est un peu comme une nouvelle idée : il faut qu'elle soit assez forte pour s'implanter... Farah Jan ! Akbar est là, prépare le thé, s'il te plaît, et un petit quelque chose à grignoter, dit Hamid en enlevant ses gants et en posant sa pioche contre le mur.

— Non, *zahmet nakeshin* – ne rencontrez pas de peine.

— *Rabl nadard* – cela n'a pas de valeur.

— Non, vraiment.

— Ne fais pas de *tarof*[1], tu es ici chez toi.

— *Sharamndeh mikonid* – vous me rendez honteux.

— Ce n'est rien, assieds-toi, dit Hamid en l'emmenant dans le patio.

— *Khasteh nabashid* – ne sois pas fatigué –, dit Farah en arrivant, un plateau de thé dans les mains.

— *Rorbane shoma, dar khadmat* – je suis votre âme, à votre service –, répondit Akbar en se levant pour la saluer. Comment vont les enfants ?

— Très bien, très bien... Tu sais, Sara est aux États-Unis, elle va sûrement se marier, Saeed finit ses études à Paris. Et comment va la famille ?

— Félicitations pour vos enfants. Grâce à Dieu, tout le monde va bien, Adine te transmet ses salutations.

— Tu la salueras de ma part également, venez nous voir avec toute la famille. Je vais préparer une bouchée et je vous appelle.

1. Art de la politesse iranienne.

— Que ta main ne te fasse pas mal.

— Ce n'est rien, Akbar, de toute façon nous allions grignoter quelque chose et ça fait longtemps qu'on ne t'avait pas vu, dit Hamid en retournant dans le jardin.

Akbar l'observait silencieux. Un pommier, un prunier, quelques rosiers tenus au cordeau. Hamid revint avec des prunes encore vertes. Il versa un peu de sel dessus avant de les tendre à Akbar.

— Elles sont succulentes, dit Akbar, c'est incroyable comme c'est paisible ici, alors qu'on est en pleine ville.

— Oui, j'avoue qu'on est très bien, je passe des heures à lire sous le pommier, mais tu n'es pas venu pour me parler de mon jardin... Que puis-je faire pour toi ?

— J'ai besoin de ton aide.

— Je t'en prie.

— Peux-tu me parler de l'unité Moonwalk ?

— Au Nom d'Allah le Miséricordieux, je ne pensais pas qu'on m'en reparlerait un jour !

— On me demande de l'activer.

— Nos amis les Gardiens, j'imagine !

— Non, beaucoup plus haut... tout en haut...

— Ah...

— Oui…

— Je ne suis pas certain que ça soit une bonne idée mais tu n'as pas le choix.

— Mais, Hamid Jan, c'est toi qui l'avais préparée…

— Même moi, je suis capable de commettre des erreurs…

— Ne dis pas des choses comme ça, Hamid Jan, tu as été le plus grand patron de la VEVAK, on te cite en exemple, on parle de ton époque avec nostalgie. Tu es le premier à avoir influencé les médias de l'Ouest en envoyant un de nos meilleurs agents en Europe pour faire oublier le passé d'Ahmadinejad. J'ai presque honte parfois d'avoir pris ta succession.

— Au contraire, comme un arbre, je connaissais tes racines solides quand tu m'as succédé, et depuis, tu fais un travail superbe.

— *Charmandeh mikonid* – tu me rends honteux.

— Non, pas du tout, tu le mérites pleinement. Pour revenir à notre affaire, en 99 on était à cran, personne ne voulait reconnaître le résultat des élections, les étudiants étaient dans la rue contre le régime, les médias commençaient à avoir accès au pays. Impossible de les censurer ou de les faire disparaître. On m'avait demandé de monter une unité pour enlever Michael Jackson, frapper un grand coup sur un des symboles de la culture occidentale et déstabiliser les Américains dont on savait qu'ils voulaient nous envahir.

— On avait des sources fiables là-dessus ?

— Bah, on ne sait jamais, avec eux. En 79, ils ont renversé le Shah parce qu'ils voulaient bâtir une grande nation pseudo-démocratique ; en 99, ils auraient voulu nous renverser pour faire main basse sur nos ressources. Tu sais de quoi je parle… Un jour, la CIA t'appelle pour te féliciter ; le lendemain, pour te laisser entendre qu'ils vont t'envahir. De plus, ils sont nuls, ça fait huit ans qu'ils cherchent Ben Laden ; soit il est champion du monde de cache-cache, soit ils ne veulent pas l'attraper. On a essayé de leur dire où il se cache mais ils le ratent à chaque fois. On dirait presque que la CIA le protège. Bon, enfin, on m'avait demandé de monter une unité pour enlever Michael Jackson…

— Mais pourquoi lui ?

— Dieu seul le sait, les ordres venaient de très haut. Apparemment, Khamenei l'avait déjà dans le collimateur. Il est le symbole de l'Occident décadent qui pervertit nos jeunes. Regarde son visage, il l'a tellement charcuté qu'il ne ressemble plus à un être humain. À cause de lui, toutes les Iraniennes se font refaire le nez. Il n'arrête pas de se trémousser et sa musique est abominable. Ses concerts avaient rassemblé des millions de gens à travers le monde, les

Gardiens pensaient que son enlèvement serait une énorme diversion.

— Mais, Hamid, ne me dis pas que... Enfin, vous n'alliez pas le ramener ?

— Le concert était prévu en décembre 99 à Hawaï, et même si les membres de l'unité ne le savaient pas, on n'avait pas vraiment prévu de le ramener, non... On pensait que ça ferait assez diversion pour nous ficher la paix, ils devaient improviser ; tu sais, à l'époque, on était prêts à tout...

— Mais c'était quoi, cette unité ? J'étais en poste au Venezuela à ce moment-là.

— On avait sélectionné trois gymnastes professionnels et une prof de gymnastique. On avait couru les compétitions, les clubs de gym, vraiment on improvisait dans l'urgence...

— Tu veux dire qu'aucun d'eux n'appartenait au service ?

— Aucun... Au contraire, les trois gymnastes étaient plutôt du genre fantasque. La prof, elle, nous avait bien plu parce que, dans son club, on la surnommait « Firouzeh de fer », ça nous semblait de bon augure.

— Et ils ont tous accepté ?

— Akbar Jan... ce n'est pas à toi que je vais apprendre que ni hier, ni aujourd'hui, ni probablement demain, on ne refuse quoi que ce soit à la VEVAC. Les gens imaginent toujours que, s'ils refusent, on va s'en prendre à eux, à leur famille, qu'ils vont finir torturés dans une cellule à Evin et ils n'ont pas forcément tort… avait dit Hamid en baissant la voix sur un ton qui rappelait qu'il n'avait pas toujours cultivé ses rosiers.

— Vous les avez entraînés comment ?

— La prof de gymnastique leur a fait apprendre par cœur la vie de Michael Jackson, ses chansons, ses chorégraphies. Ils devaient passer les auditions pour participer à son spectacle.

— Tu plaisantes ?

— Non, non, Michael Jackson a une sécurité digne d'un chef d'État. Aucun moyen de l'approcher si tu n'es pas dans son cercle artistique. C'était le seul scénario possible et, crois-moi, on avait tout envisagé.

— Mais comment étaient-ils parvenus à un tel niveau ? Les Iraniens ne savent pas danser.

— La prof, Firouzeh Shirazi, n'est pas marrante mais elle est efficace. Elle en avait fait des bêtes de scène alors qu'au début tout ce qu'ils savaient faire c'était bouger leurs mains au-dessus de leurs hanches en remuant la tête avec un sourire idiot ! Elle n'avait que vingt-trois ans mais elle avait un mental d'acier.

— Et pour l'anglais ?

— Ils parlaient pas un mot mais on avait un type du MI 6 qui croupissait à Evin en attendant d'être échangé. Il leur a donné des cours intensifs, je crois que ça l'a beaucoup distrait...

— Et ça a marché ?

— Oui, à la fin, on aurait dit des étudiants d'Oxford qui travailleraient au bazar de Téhéran !

— Mais ils ne sont jamais passés à l'action ?

— Non, les jeunes se sont calmés, la situation s'est arrangée, on a remis les trois gymnastes au vert et la prof est restée chez nous.

— Pourquoi ?

— On trouvait qu'elle en savait un peu trop, et puis, on se disait qu'elle pouvait nous être utile. Elle est chargée de l'entraînement physique des agents femmes. Elle est pas devenue plus drôle, mais avec elle chaque recrue repousse les limites de sa résistance physique...

— Et les autres ?

— Avant que je prenne ma retraite, Parviz Vaziri avait un garage à Mashhad, c'est le plus athlétique de tous, il était arrivé en tête de tous les tests sportifs. Nader Khalili était guide touristique à Ispahan, il est un peu autiste mais génial, il a une mémoire incroyable, c'est un grand cerveau, il vit dans sa bulle. Ali Mostophi est parfait pour se fondre dans la masse, on ne sait jamais où il est, il est difficile à contrôler mais il saura toujours te sortir d'un mauvais pas.

— Un mécanicien, un guide touristique autiste et un expert en camouflage... Tu crois vraiment qu'ils sont encore au point et que c'est la meilleure solution ?

— Dieu seul le sait, moi je m'occupe de mes rosiers. De toute façon, tu n'as pas le choix, va les chercher, tu verras bien ce que tu peux en tirer.

— Le dîner est prêt, dit Farah depuis la cuisine.

— Il ne fallait vraiment pas, dit Akbar.

— Ce n'est rien, dit-elle, viens Akbar Jan, j'ai préparé un en-cas.

La table était mise : des plats de riz, un ragoût de légumes, des lentilles en sauce, des salades, des yaourts faits maison, du pain chaud trônaient sur la nappe.

— *Dast shoma dard nakond* – que votre main ne vous fasse pas mal –, dit Akbar.

— Mais non ce n'est rien, un repas sur le pouce, dit Farah avec un sourire.

Remember the time

Au petit matin, après la prière, Akbar avait étudié le dossier Moonwalk avec Amir, son plus proche collaborateur. C'était un des hommes les plus déterminés et les plus efficaces de la VEVAC. Malgré les enquêtes internes menées sur lui, on ne lui avait trouvé aucune faille. Il n'avait pas d'émotion. Il exécutait les ordres sans discuter. Son grand sens analytique en avait fait l'homme de confiance d'Akbar.

Amir était aussitôt parti à la recherche des trois danseurs. Il avait pris le vol du matin pour Ispahan, la saison touristique battait son plein. Si l'on en croyait les chiffres distillés par l'Agence nationale du tourisme, il y avait, en ce moment, au moins une centaine de touristes étrangers en Iran.

La contestation n'avait pas encore gagné la ville qui vivait au rythme du commerce. En ces temps de crises, Amir savait que l'économie reste le nerf de la guerre.

Ici, pas d'étudiants désœuvrés pour manifester, uniquement des artisans qui gagnaient durement leur vie à l'écart du brouhaha politique.

Nader était déjà au travail sur la place *Naghsh-e-Jahan*. Il était ému chaque fois qu'il y pénétrait. Il aimait son nom : « le plan du monde ». Elle avait été un haut lieu de la route de la soie. Depuis des siècles, sur son pourtour, sous les arches, dans des centaines de petites échoppes, des artisans tissaient des tapis, martelaient des plats, imprimaient des nappes.

Amir repéra Nader d'après la photo du dossier. Il n'avait pas beaucoup changé, grand, mince, un visage long et anguleux, un nez aquilin typiquement perse, des cheveux soigneusement coupés.

Il était entouré de deux touristes vénézuéliens de petite taille, moitié endormis, moitié perplexes devant ses explications dans un espagnol mâtiné de farsi. Depuis que le président Khatami avait reçu *El orden del Liberador*, les touristes vénézuéliens affluaient par dizaines, attirés par ce pays si loin géographiquement, si proche dans la résistance contre l'axe capitaliste.

— D'après les sources officielles, la place fait 560 mètres sur 160 mètres, mais, comme vous le savez, il faut se méfier des sources, notamment sur Internet, elles sont souvent manipulées. C'est pour cette raison que votre humble serviteur a pris la peine de la mesurer lui-même avec ses propres instruments pour vous communiquer une information digne de votre rang.

Les deux Vénézuéliens ne semblaient pas mesurer l'honneur qui leur était fait.

— C'est ainsi que je peux officiellement vous annoncer que cette place mesure très exactement 558,60 mètres sur 161, enfin… presque 161. Ce qui ne change peut-être rien fondamentalement mais qui a son importance dans la troisième partie de cette visite consacrée à l'apport de l'Iran aux mathématiques à travers les siècles… Mais suivez-moi pour admirer la complexité architecturale de cette merveille.

Nader se mit alors à faire de grandes enjambées à travers la place, tirant les deux Vénézuéliens par la main. Il comptait ses pas à voix haute et changeait régulièrement de direction en pointant du doigt les minarets environnants.

Amir suivait à quelques mètres en essayant d'étudier son langage corporel. Soudain, Nader fit volte-face, accéléra en entraînant ses deux clients et se planta devant Amir.

— Cher Monsieur, excusez-moi mais cette visite est privée. Comment osez-vous profiter de mes explications précises sans avoir pris la peine de vous munir d'un ticket ? Votre impolitesse rendrait vos parents honteux.

— Excusez-moi !

— Excusez-moi ! Excusez-moi ! C'est plutôt facile, vous avez profité illégitimement d'une visite de grande précision et...

Nader s'arrêta net, les réflexes inculqués par Firouzeh refaisaient surface ; et si cet homme était un agent du FSB ou de la CIA ? Il n'avait pas l'allure du resquilleur habituel avec son attaché-case et son costume gris de bonne coupe.

Amir n'avait pas prononcé un mot. Il regardait Nader encore plus perplexe que les deux Vénézuéliens.

— Cher Monsieur, je me suis peut-être mépris, veuillez excuser mon erreur, dit Nader en reculant lentement tout en tenant par la main les deux touristes comme s'il s'était agi d'enfants. Vous pouvez aller et venir comme bon vous semble sur cette place. *Zendah bashid, Khodah negahdar* – restez vivants, que Dieu vous garde.

— Vous êtes Nader Khalili, dit Amir.

Il n'y avait aucune trace d'interrogation. Nader savait qu'un jour son passé le rattraperait. Il s'immobilisa. Son heure était venue. Il ferma les yeux. Inclina la tête. Le coup de feu n'allait pas tarder. Il serrait la main des deux Vénézuéliens de plus en plus fort. Il paraît qu'on n'a même pas le temps d'entendre la détonation, pensa-t-il. Il imaginait les Vénézuéliens recevant des projections de son cerveau et s'inquiétait qu'ils repartent avec une mauvaise image de son pays et surtout une visite imprécise menée par un autre guide. Comme il n'entendait toujours rien et se sentait encore vivant, il ouvrit lentement un œil tout en gardant la tête inclinée.

L'homme en face de lui n'avait pas bougé.

— Je suis le colonel Amir Charifi, de la VEVAK, nous avons besoin de vous...

You've got a friend

Après avoir abandonné les touristes vénézuéliens en leur rappelant une dernière fois les dimensions de la place *Naghsh-e-Jahan*, Nader et Amir s'étaient envolés pour Mashhad.

Le garage de Parviz Vaziri était à la périphérie de la ville, dans l'un de ces nouveaux quartiers de maisons en brique ; des quincailleries vendant toutes les mêmes objets importés de Chine, des magasins de pièces détachées mal identifiées permettant de réparer n'importe quelle voiture au prix d'artifices ingénieux pour une durée limitée. Le long de la route, des hommes buvaient tranquillement du thé devant les commerces.

Ils se retrouvèrent devant un bâtiment de trois étages entouré de voitures éventrées.

Amir demanda à Nader de l'attendre dehors, il voulait être seul pour profiter pleinement de sa première impression. Il jeta un dernier coup d'œil à la photo du dossier ; Parviz était un véritable athlète.

Il entra dans le garage. L'endroit était désert, les employés avaient dû partir déjeuner. Il tentait d'éviter de marcher sur les pièces de carrosserie qui jonchaient le sol. Il aperçut finalement au fond un gardien vautré dans un bureau, endormi devant des assiettes vides.

— Bonjour, excusez-moi, excusez-moi !

Le gardien ronflait. Amir s'approcha pour lui taper sur l'épaule. Il se retrouva plaqué contre le mur, le visage de l'homme obèse collé au sien : « Qu'est-ce que tu veux ? »

Son bras bloqué dans le dos lui faisait très mal. Il se demandait comment un homme si gros en proie à un sommeil si profond avait pu tromper sa vigilance. Il se dit qu'il fallait toujours être sur ses gardes, il eut honte non tant pour lui que pour toute sa famille et sa descendance. Il crut déceler, sous la graisse, une ressemblance avec la photo.

— Tu veux quoi ?
— Colonel Amir Charifi, de la VEVAK.

L'étreinte se desserra, le visage s'éloigna :

— Excusez-moi ! *Befarmaid !* – commandez !

Il installa Amir dans un fauteuil décrépit et lui servit un verre de thé.

— Encore désolé, Colonel, je m'étais assoupi quand vous m'avez touché l'épaule, j'ai agi par réflexe. On a eu pas mal de souci avec les vols.

— Excusez-moi, je ne voulais pas vous surprendre, enfin c'est plutôt moi qui ai été surpris. Vous êtes bien Parviz Vaziri ?

— *Dar khedmat, nokar shoma hastem* – à votre service, je suis votre esclave –, Colonel, que puis-je faire pour vous ?

— On réactive l'opération Moonwalk.

— *Ei dad bi dad* ! – ô justice sans justice ! –, ne vous moquez pas de moi, ça fait des années qu'on nous a mis au placard.

— Je ne suis pas réputé pour mes plaisanteries, on a besoin de vous. Nader Khalili est avec moi, il vous attend dans la voiture pour...

Parviz n'attendit pas la fin de la phrase. Il se précipita dehors. Amir fut une nouvelle fois étonné de l'agilité avec laquelle cet homme corpulent traversa le garage. Il se jeta dans les bras de Nader qui attendait, adossé au capot.

— *All you have to do is call my name*, s'exclama Parviz en anglais.

— *And I'll be there*, répondit Nader en chantant très faux.

Ils éclatèrent tous deux de rire en se prenant par l'épaule.

— Mais qu'est-ce qui t'est arrivé ? Tu es passé de Michael Jackson à Luciano Pavarotti ? demanda Nader en reculant pour mieux apprécier la corpulence de Parviz.

— Vis dix ans avec ma mère...

— J'espère qu'elle va bien ainsi que le reste de ta famille, *Khodah negahdar* – que Dieu les garde.

— Merci, elle va bien et toi, comment vont tes parents ? Et la famille ? Nader Jan, toi ici, je n'arrive pas à le croire.

— Tout le monde va bien, enfin mon père a des problèmes cardiaques et ma mère un cancer, mais grâce à Dieu, ça va.

— Ah les pauvres, je suis sûr qu'ils vont aller très bien, que Dieu les garde.

— Merci, merci.

— Excusez-moi de vous interrompre, dit Amir en les rejoignant, Vaziri, prenez quelques affaires, nous allons à

Téhéran. Vous avez une idée de l'endroit où se trouve Ali Mostophi ?

— Ne soyez pas inquiet, s'il n'a pas changé il nous trouvera tout seul, dit Parviz avec un grand sourire en prenant Nader par l'épaule et en l'entraînant dans le garage pour préparer ses affaires.

Will you be there?

Assis à côté de Nader et Parviz dans l'avion qui les ramenait à Téhéran, Amir ne leur avait rien révélé de leur mission. Il attendait que l'équipe soit au complet.

Il était préoccupé de ne pas avoir localisé Ali Mostophi, les recherches de la VEVAK n'avaient permis de trouver ni une adresse ni la moindre information. « On arrive à surveiller la moindre mouche qui décolle d'Iran mais on ne sait pas où sont les gens qui ont travaillé avec nous... », pensa-t-il.

— Vous avez vu Ali Mostophi ces dix dernières années ? leur demanda Amir.

— *Beh Khoda* – je jure devant Dieu – que non, dit Nader, j'ai bien reçu quelques colis de sa part mais il n'est jamais passé à Ispahan malgré mes propositions répétées d'une visite guidée détaillée.

— C'est quoi cette histoire de visite ? demanda Parviz.

— Tu vois, il y a pas mal d'approximations dans les visites à Ispahan, notamment sur les dimensions des divers monuments. Tu savais que la place *Naghsh-e-Jahan* faisait 161 mètres de long et pas 160 ?

— Ah non, c'est intéressant, bravo d'avoir corrigé cette erreur.

— Merci, merci, ce n'est pas grand-chose, et tu sais, pour la mosquée ?

— Bon, ça suffit avec cette visite guidée, l'interrompit Amir, et vous, Vaziri, vous l'avez vu ?

— Oui, il m'a déposé son pick-up et il devait venir le chercher.

— Quand ?

— L'après-midi.

— Quoi ? Et on ne l'a pas attendu ? dit Nader déçu.

— Un après-midi… il y a quatre ans. Après, la voiture je l'ai réparée, elle marche super bien. Les pick-up Toyota, c'est increvable, surtout leur moteur essence deux litres cinq, c'est un véritable bijou de la mécanique.

— Vaziri, si je n'ai pas le temps pour une description des monuments d'Ispahan, je ne l'ai pas non plus pour des considérations mécaniques. Où est Mostophi ?

— *Khodah midaned* – Dieu seul le sait –, répondit Parviz.

L'avion atterrit à Téhéran. Dans le climat actuel, Amir ne donnait pas cher de sa peau s'il ne ramenait pas les trois danseurs. En rejoignant la sortie, il imaginait les excuses possibles lorsqu'il vit Nader et Parviz se jeter dans les bras d'Ali Mostophi qui les attendait un thé à la main. Beaucoup plus petit que ses deux compères, les cheveux gominés en arrière et un costume croisé lui donnaient un air années trente. Il avait une barbe soigneusement taillée et une moustache en guidon.

— Ali Jan, *fedaye to* – je me sacrifierai pour toi –, dit Parviz en l'embrassant. Ton pick-up est prêt, il marche parfaitement, *Just call my name...*

— *And I'll be there*, répondirent Nader et Ali en chœur.

— Merci, merci, j'avais complètement oublié la voiture, j'étais sûr que tu pourrais la réparer, je passerai la prendre. Je suis heureux de vous revoir. Nader, comment vas-tu ? Parviz, tu es magnifique, tu as l'air en pleine forme.

— Merci, Ali, je vais bien, merci, comment va la famille ? demanda Parviz.

— Ça va, ça va, et toi, Nader, la famille ? demanda Ali.

— Tout le monde va bien, mon père a toujours ses problèmes cardiaques et ma mère un cancer, mais grâce à Dieu ça va, dit Nader.

— Mon ventre se serre de ne pas les avoir vus, j'espère qu'on pourra bientôt tous se retrouver. Nous voir enfin réunis après tant d'années, c'est une ode à l'amitié, à l'honneur, à la civilisation iranienne, comme le chantait Omar Khayyam, dit Ali en se mettant à chantonner :

> *« Cette roue sur laquelle nous tournons*
> *est pareille à une lanterne magique.*
> *Le soleil est la lampe, le monde, l'écran.*
> *Nous sommes les images qui passent.*
> *Le véritable bonheur, c'est une rose,*
> *deux pains de froment, trois amis,*
> *quatre chansons et cinq flacons de vin. »*

Ali prononça la dernière phrase alors qu'Amir s'approchait du groupe.

— Bonjour, Mostophi. Colonel Amir Charifi, de la VEVAK, dit-il, vexé de n'avoir pas été salué par Ali, comment nous avez-vous trouvés ?

— Je ne vous ai pas trouvés, dit Ali, j'étais là et vous êtes apparus dans notre grand désert qui s'étend de la ville sacrée de Qom aux rivages du golfe Persique. Deux lieux symboles de...

— Très bien, le coupa Amir, allons-y, j'ai déjà eu Ispahan et la mécanique, je ne suis pas prêt pour le cours de civilisation iranienne.

— Il faut qu'on récupère nos bagages, dit Parviz.

— Baba, ne sois pas inquiet, *nokaratem* – je suis ton esclave –, c'est déjà dans la voiture, dit Ali.

— *Dast't dard nakone* – que ta main ne te fasse pas mal –, dirent Parviz et Nader d'une seule voix.

— Ce n'est rien, ce n'est rien, répondit Ali en les prenant par l'épaule pour sortir.

Les trois anciens danseurs roulaient dans la vieille *Peikan* fournie par la VEVAK, ils mouraient d'envie de parler mais craignaient que le chauffeur ne les surveille. Ces temps-ci, on se méfiait de tout le monde. En Iran, on se méfie tout le temps de tout le monde. Amir les suivait dans sa voiture de fonction.

Ils se frayaient difficilement un chemin dans les embouteillages. Conduire en Iran relève plus d'un art que de compétences ou d'expérience. Il faut en permanence faire de petites embardées pour éviter un accident, ignorer les feux de signalisation dont la fonction est essentiellement décorative, écouter le son des klaxons qui, selon leur force et leur cadence, peuvent signifier :

« Allez-y », « Je passe » ou « Graine d'âne », voire « Fils de chien ».

Après vingt minutes, ils arrivèrent devant le siège de la VEVAK. Des drapeaux encadraient les portraits du Guide suprême et de l'ayatollah Khomeini qui vous accueillaient de leur sourire bienveillant et de leur regard lourd de certitudes.

Ils furent directement conduits dans le bureau d'Akbar. La pièce était immense. Une imposante table trônait sur un très beau tapis persan ; un entrelacs de rosaces vertes et rouges. Aucun papier, quelques petits drapeaux iraniens. Sur les murs, des photos d'Akbar en uniforme, plus jeune puis plus âgé, avec le Guide suprême.

Akbar avait des cheveux grisonnants coiffés en arrière, une barbe rasée de près. Il portait une chemise blanche sans veste et une vieille Casio.

Il observa longuement les trois danseurs en silence. Parviz, assis au milieu, avait du mal à s'accommoder des bras du fauteuil qui lui rentraient dans les flancs. Nader, un peu crispé, fixait les motifs en rosace du tapis. Il tentait de concevoir la règle mathématique qui avait présidé à leurs entrelacements. Ali, très sûr de lui, regardait avec intérêt les photos accrochées aux murs.

— Messieurs, je vais être bref. La situation est critique depuis les élections, la population est dans la rue, les risques de débordement sont élevés. Le monde entier nous regarde, le Guide suprême est contrarié, et quand il est contrarié, nous sommes terrifiés. Nous avons besoin de vous pour monter une opération de diversion.

— Attaquer Israël ? demanda Nader.

— Non, pas du tout, répondit Akbar, nos relations avec eux sont excellentes et nous avons pour instruction de ne pas les détériorer. On a assez de problèmes à l'intérieur pour ne pas se mettre des pays à dos. Je vous signale que les Américains sont en Irak et en Afghanistan et qu'on est juste au milieu. C'est le bon moment pour se faire discrets sur la scène internationale.

— De toute façon, tout ça est un complot, je le savais, dit Nader, il est évident que certaines puissances travaillent de mèche avec certains pouvoirs dans l'intérêt d'un groupe peu connu sur lequel j'ai mes idées...

— Nader, Nader, *khafeh shoh* – étouffe-toi ! Excusez-le, dit Parviz, il est à cran, il voit des complots partout.

— Mais pas du tout ! C'est la réalité, Parviz, tu es dans ton garage à manger toute la journée, tu n'as aucune idée des arcanes de la politique internationale et des nombreux complots qui s'y trament contre nous, le général pourra te le confirmer. Depuis plusieurs années, je mène mon enquête. Je ne suis pas paranoïaque, je suis réaliste.

— Nader Jan, Parviz n'a pas dit ça, *fedaye sar to* – je me sacrifie pour ta tête –, dit Ali.

— J'ai bien dit qu'il avait fondu les plombs, ça recommence comme il y a dix ans, tu sais très bien, dit Parviz.

— Parviz dit n'importe quoi, il s'excuse, tu vas nous faire honte, dit Ali.

— Bon, ça suffit, les coupa Akbar, on a un problème à régler, on s'occupera de l'ordre mondial plus tard. Khalili, je vous assure que je vais mettre quelqu'un sur le dossier du grand complot international. On m'a demandé de réactiver l'opération Moonwalk.

— Moonwalk... répéta Parviz incrédule.

— Oui, l'opération Moonwalk pour laquelle vous avez été tous les trois entraînés, dit Akbar.

— Mais plus personne ne s'intéresse à Michael, dit Ali. Malgré son talent jamais égalé de danseur et tout ce qu'il a apporté à la musique de l'Ouest, son art a sombré dans l'oubli. C'est comme les derviches tourneurs, très peu de gens s'y intéressent aujourd'hui, alors que...

— Mais si, reprit Nader, il va repartir en concert, ça sera incroyable, enfin... incroyable qu'il reprenne la scène.

On ne s'y attendait pas. Il a annoncé une tournée mondiale qui doit commencer à Londres dans quelques jours.

— Oui, je suis au courant mais tout de même, son aura n'est plus ce qu'elle était. Comme l'Empire perse, il a connu son heure de gloire, oui, exactement comme l'Empire perse qui s'étendait des confins de la Grèce jusqu'en Inde, Michael a régné sans partage sur la musique mondiale, dit Ali qui s'était levé, il a bâti un empire qui...

— Merci, Ali Jan ! Merci pour ces précisions, vous pouvez vous rasseoir, voilà c'est bien, dit Akbar, oui nous sommes tous très conscients de son empire musical et de son influence néfaste sur les âmes occidentales. Nos contacts aux États-Unis nous disent qu'il travaille comme un acharné, il est tous les jours au Staple Chase Center à Los Angeles. Il a une sécurité de très haut niveau, le spectacle doit rester secret jusqu'à la représentation. Il est impossible de l'approcher, sauf à être recruté en tant que danseur, et c'est là que vous interviendrez.

— Mais sa troupe doit être complète, reprit Ali.

— Pas tout à fait, on vous a déjà inscrits à la séance d'auditions qui recrutera les derniers danseurs. J'ai entendu dire que vous étiez très performants, dit-il en regardant Parviz.

— On ne se débrouillait pas mal, on est peut-être un peu rouillés, mais après quelques semaines d'entraînement ça devrait aller... dit Parviz en rentrant le ventre.

— On ne peut pas laisser de place à l'incertitude et vous n'avez pas plusieurs semaines... Vous êtes notre dernière chance de sauver le régime, dit Akbar d'un coup grave.

— *Dar khedmat* – à votre service –, *mokhlessim* – nous sommes votre dévoué –, commencèrent les trois danseurs.

— On n'a pas trop le temps pour le protocole. Le capitaine Firouzeh Shirazi, que vous connaissez, va diriger l'opération, les interrompit Akbar.

Il appuya sur son interphone, une voix lointaine répondit : « Allô » puis se perdit dans les grésillements.

— Faites entrer Firouzeh, dit Akbar.

— Allô, allô, répondit la voix.

— Allô, oui, c'est le général, faites entrer Firouzeh, dit-il un peu plus fort.

— Allô, je vous entends mal, bonjour mon général, mon général... C'est vous, mon général ?

— C'est le général, est-ce mieux ?

— Oui, merci, moi aussi.

— Allô, vous m'entendez ?

— Oui, vous aussi, mon général.

— Faites entrer Firouzeh, s'il vous plaît.

— Trois thés, très bien, mais avec des pâtisseries ?

— Non, pas de thé, je veux le capitaine Firouzeh Shirazi.

— D'accord, on vous apporte le thé tout de suite.

— Pas de thé, Firouzeh, Firouzeh ! hurla Akbar dans l'interphone.

— Excusez-moi, Général, on n'a plus de pâtisseries.

— Quelles pâtisseries ?! Je veux Firouzeh, Firouzeh !

— Merci, à votre service, Hassan vous apporte le thé tout de suite.

Akbar se rassit, il détestait toute forme de technologie. On l'avait vu diriger des opérations impliquant des milliers de vies humaines avec le plus grand sang-froid, mais une simple machine qui ne lui obéissait pas lui faisait perdre tous ses moyens. Il ouvrit la porte de son bureau et hurla dans le couloir : « Capitaine Firouzeh Shirazi ! »

— Oui, mon général, dit la femme assise à côté de la porte en se mettant au garde-à-vous.

— Ah, vous êtes là ? dit Akbar en essayant de reprendre son calme, *befarmain* – ordonnez – je vous en prie.

Elle le précéda dans son bureau. Les trois la regardèrent entrer. Ils avaient passé des mois à s'entraîner avec elle. Elle aimait contrôler chaque mouvement jusqu'à la perfection. Elle pouvait les retenir des journées entières pour leur faire répéter dix, vingt, cent fois les mêmes cinq pas de danse. Elle n'était jamais fatiguée. Elle leur disait souvent : « Je veux que ça soit tellement parfait que Michael soit déçu par lui-même en vous regardant. »

Elle n'avait pas changé, arborant fièrement ses trente-trois ans. Ses traits s'étaient creusés, ses yeux étaient toujours aussi noirs. Un hijab gris et un manteau sombre lui donnaient un air sévère.

— Messieurs, dit Firouzeh en les saluant d'un mouvement de tête.

— Capitaine ! dirent les trois en bondissant pour la saluer.

— *Befarmain* – Ordonnez –, dit Ali en lui proposant sa chaise.

— Non, ça ira, répondit-elle sèchement.

— *Na befarmain, befarmain*, dit Ali en approchant un peu plus la chaise, je...

— Assieds-toi ! l'interrompit Firouzeh.

Ali pensa qu'il y avait peu de chance qu'elle se soit attendrie avec le temps.

— Il faudra être prêts pour l'arrivée à Los Angeles, reprit Akbar. On n'a pas le temps de commencer les répétitions ici, vous vous entraînerez pendant le voyage. Vous atterrirez à New York et rejoindrez Los Angeles en voiture, c'est plus discret. On vous donnera des passeports anglais, on a créé un historique pour vous quatre : nés en Iran, études de danse à Londres, danseurs dans différentes troupes anglaises, retour en Iran il y a deux ans pour monter ensemble une compagnie « contestataire » qui existe officiellement et dont vous êtes aujourd'hui salariés. On pense qu'il faut être le plus transparent possible pour ne pas être visible. De toute façon, on n'a pas le temps de former d'autres danseurs ni de mettre en place un autre plan. Vous avez quelques jours au maximum, faites au mieux. L'avenir de la République islamique est entre vos mains.

— *Ma ra charamandeh mikonid* – vous nous rendez honteux –, dit Ali.

— L'avenir du pays est entre vos mains, répéta Akbar en les regardant avec insistance. Votre mission est suivie au plus haut niveau de la République islamique d'Iran.

— Non, vraiment c'est trop d'honneur, il n'y a pas que nous quand même ?… demanda Ali hésitant.

— Si, que vous… suivis au plus haut niveau, dit-il en levant les yeux vers le portrait du Guide.

— Mais non c'est… commença Ali.

— Ça suffit, on a du travail, coupa Firouzeh.

Un homme apparut à l'entrée du bureau, un plateau chargé dans les mains. Firouzeh se précipita pour lui tenir la porte. Hassan entra. C'était un vieil Iranien au visage ridé, les cheveux et les sourcils blancs.

— *Ba ejazeh* – avec votre autorisation –, merci, dit-il en passant devant Firouzeh, le thé est prêt, je vous ai aussi amené des *kouloucheh,* mon général, vous m'en direz des nouvelles, vous savez c'est ma femme qui les fait.

Keep your head up

Amir regarda Ali, Parviz et Nader entrer dans la salle de réunion pour le briefing technique. Cette opération ne lui plaisait pas, il avait été formé chez les militaires. Il ne comprenait pas comment trois personnes dont la principale qualité était de danser allaient sauver le régime. Il avait étudié leur dossier. Après l'annulation de leur opération en 1999, ils étaient retournés à la vie civile, on n'avait même pas tenté de les garder...

Seule Firouzeh lui inspirait confiance, elle était restée dans le service. Il connaissait sa rigueur et son sens du devoir, son dossier était impeccable.

Il avait ses propres idées sur la façon de régler le problème mais, apparemment, ses méthodes feraient couler trop de sang. Le régime s'était beaucoup adouci, pensa Amir en les regardant. Ali, Parviz et Firouzeh s'étaient assis en face de lui. Nader restait debout au fond de la salle.

— Il a besoin d'être près de la fenêtre, dit Ali.

— Très bien... dit Amir. Le plan est simple. Vous prenez un vol dans quelques heures pour Londres puis New York et, de là, en voiture jusqu'à Los Angeles.

— Quelle marque ? demanda Parviz.

— Comment ? demanda Amir.

— Avec tout le respect que je vous dois, mon colonel, c'est très important. Personnellement, je préfère les Ford, c'est assez fiable, surtout les derniers modèles, le trajet est très long, c'est certain qu'il faut quelque chose de confortable, sinon on va arriver très fatigués, après il y a les Mercedes qui sont fiables et sûres sans parler du confort, peut-être un peu plus voyantes mais très bien équipées en cas d'accident...

— Oui, les accidents, il faudrait prévoir, reprit Nader, justement il y en a eu un la semaine dernière à Ispahan, ça a été très compliqué, un des conducteurs était vénézuélien, leur assurance n'est pas valable en...

— Et avec une bonne assurance, on pourrait même louer une décapotable, comme ça, même si on a un accident, on est couvert jusqu'à hauteur de... s'emballait Parviz.

— Messieurs, l'interrompit Firouzeh. Excusez-les, mon colonel.

— Bon, je reprends, dit Amir, vous aurez une voiture, peu importe la marque, et soyez sûrs qu'en cas d'accident c'est moi qui m'occuperai personnellement de vous. Vous ferez la route de New York à Los Angeles en restant discrets dans les hôtels que nous avons réservés pour…

— En ce qui concerne les hôtels, l'interrompit Nader, il faut vraiment se méfier des guides touristiques, souvent ils vous attirent dans des endroits bondés et peu intéressants. C'est mon métier, je peux vous dire, mon colonel, qu'on trouve de tout. Je ne voudrais pas que la qualité des hôtels nuise au succès de notre mission, vous savez comment une mauvaise nuit de sommeil peut…

— Peu importe les hôtels ! cria Amir.

— Si, si, au contraire, j'insiste, mon colonel, quelqu'un d'aussi intelligent que vous connaît certainement les désagréments d'un petit déjeuner déséquilibré, dit Nader.

— Oui, oui, il a raison, approuvèrent Ali et Parviz.

— Messieurs ! répéta plus fort Firouzeh.

— Laissez, capitaine ! Très bien, Khalili, on vous fera passer la liste des hôtels, bougonna Amir.

— *Dast shoma dard nakaon* – que votre main ne vous fasse pas mal –, dit Nader.

— *Rabel nadarad* – ce n'est rien –, dit Amir.

— Si, si, vous faites beaucoup d'efforts, mon colonel, nous le voyons bien et nous vous en remercions, dit Nader.

— Non, ce n'est rien. Le capitaine Shirazi reprendra les entraînements avec vous pour que vous soyez au niveau quand vous arriverez à Los Angeles. Surtout vous, Vaziri.

— Pardon ? dit Parviz.

— Non, non, rien, tout est parfait, je pensais à voix haute, dit Amir. Voilà vos passeports, le mieux est d'en dire le moins possible, mais si on vous interroge sur la raison de votre voyage vous direz simplement que vous allez passer une audition pour le spectacle de Michael Jackson. Personne n'ira vérifier, et si par hasard quelqu'un le faisait, il verrait que c'est vrai. Pas de capitaine ou quoi que ça soit, on se tutoie et on se comporte comme des danseurs dans une troupe iranienne, ajouta-t-il en ne s'attendant pas à revoir ces quatre-là en Iran.

— Je croyais que la danse était interdite par la religion ? demanda Nader.

— Ce n'est pas l'Islam mais le régime qui l'interdit, ça vous donne un petit vernis contestataire, c'est parfait, répondit Amir. Je vous demande de réduire au maximum vos contacts avec les Américains, « bonjour, au revoir », c'est tout. Discret, discret. Il y va de l'avenir du pays...

— Non, non, c'est trop d'honneur, nous ferons ce que nous pouvons à notre petit niveau, dit Parviz.

— Mais je n'exagère pas, vous êtes notre dernière chance, dit Amir.

— Mais vous devez... Vous devez en avoir d'autres, tenta Nader.

— Non, pas d'autres, en tout cas aucune dont j'ai, en tant que vice-directeur de la VEVAK, connaissance.

— Mais oui, le colonel a raison, nous sommes la dernière chance. Nous allons sauver la République islamique, avec vous évidemment, Capitaine Firouzeh, dit Ali en se levant. Dans les moments où la civilisation iranienne a trébuché, elle s'est rétablie en rencontrant l'Histoire avec un grand H, les invasions barbares n'ont jamais pu éroder la force d'un peuple soudé autour d'un futur qui...

— Oui, c'est très bien – le futur, d'ailleurs, vient vers vous à toute allure, l'interrompit Amir, le temps presse, vous pourrez nous raconter tout cela à votre retour autour d'un bon repas. Je vous raccompagne.

Smooth Criminal

Le lendemain matin, Amir attendait devant le portique de sécurité de l'aéroport Imam Khomeini de Téhéran. Les forces de sécurité étaient de plus en plus nombreuses. La tension était palpable en ville.

Firouzeh arriva la première, elle avait troqué ses vêtements traditionnels pour la tenue passe-partout des voyages en Occident, une longue chemise blanche, un foulard lâche dans les cheveux, un pantalon noir large.

Amir se dit : « une beauté iranienne typique » en regardant ses cheveux noirs mis en valeur par un voile rouge, ses grands yeux noirs, son nez aquilin qu'elle n'avait pas fait opérer, contrairement aux midinettes de Téhéran.

Il lui posa quelques questions par acquit de conscience, il connaissait son sérieux. Il fut une nouvelle fois impressionné par ses réponses, elle avait intégré le dossier en une nuit. Elle était en train de lui parler de la durée des trajets en voiture quand elle s'interrompit. Parviz arrivait vêtu d'un tee-shirt à l'effigie de Michael Jackson tendu sur son ventre qui faisait ressembler la star à un sumo, et de la célèbre veste rouge du chanteur qui semblait considérablement restreindre ses mouvements. Il se dirigea vers eux avec un grand sourire :

— Ils n'auraient jamais dû l'acheter au bazar, c'est incroyable comme ça rétrécit, je leur avais dit d'acheter italien, mais y a dix ans, on n'avait pas les moyens. Touchez, mon colonel, c'est une qualité médiocre.

Amir fixait les manches qui arrivaient au milieu des avant-bras quand Ali apparut vêtu du costume et du chapeau blancs légendaires :

— Parviz, mon chéri ! Tu es magnifique, elle te va encore mieux qu'il y a dix ans ! dit Ali en réajustant la veste sur le torse de Parviz.

— Toi aussi, tu es très beau, Ali, ce costume te va à merveille.

— J'ai longuement hésité entre le costume blanc et la veste rouge, mais elle te va bien mieux qu'à moi.

— Si tu veux, elle est à toi, dit Parviz en tentant de l'enlever.

— Non, Parviz, ne l'enlève surtout pas, dit Ali en voyant que Parviz ne parvenait pas à bouger les bras.

Surgit alors Nader en perfecto et lunettes de soleil.

— J'ai opté pour la discrétion et la sobriété, dit-il, nous sommes en mission, n'est-ce pas, mon colonel ?

— Oui, oui, dit Amir, il est temps d'embarquer, vous êtes désormais aux ordres du capitaine Shirazi, je règle quelques détails avec elle... Elle vous rejoint.

Amir regarda l'énorme veste rouge encadrée du petit costume blanc et du long perfecto noir s'éloigner. Il se retourna vers Firouzeh :

— Tu sais ce qu'il te reste à faire, il faut que la mission réussisse, ça fait dix ans et je ne sais pas s'ils sont aussi... affûtés qu'avant, tu es la seule à être restée dans le service. Vous allez tous les quatre sortir du pays pour la première fois, vous allez être confrontés au mode de vie occidental, je ne sais pas comment ils peuvent réagir face à certaines tentations, je compte sur toi pour les encadrer de près.

— Bien sûr, mon colonel.

— Profite également de cette mission pour recueillir des informations, nous avons besoin de comprendre les menaces extérieures comme intérieures, les révolutionnaires ont des soutiens aux États-Unis. Agis comme les Américains, fonds-toi dans la masse, même s'il faut enfreindre certaines règles pour ne pas te faire repérer. Fais attention, on te tendra des pièges, tu as carte blanche et toute ma confiance.

— Je ne vous décevrai pas, je serai vigilante, mon colonel.

— Pour votre sécurité et la réussite de cette opération, nous éviterons tout contact pendant votre mission, les Américains sont très forts pour les écoutes, et comme vous êtes la dernière chance...

— Bien sûr, mon colonel.

— D'une façon ou d'une autre, on gardera un œil sur vous...

— Bien sûr.

— *Khodah negahdar* – que Dieu vous garde tous –, bon voyage.

— Mes respects, mon colonel.

Il régnait dans cet aéroport un désordre organisé. La notion de queue était très relative, devant chaque portique se formait un attroupement. Les officiers en poste regardaient sans trop intervenir. Soit tout le monde voulait passer en premier, soit personne ne voulait avancer. Nader s'effaça devant Parviz.

— Parviz, *befarmain* - ordonnez- passe, dit Nader.

— Merci, Nader Jan, *befarmain*, vas-y, dit Parviz.

— *Befarmain*, dit Nader en s'effaçant devant la porte.

— Non, je t'en prie, toi, dit Parviz.

— *Koutah bia* – fais-le plus court –, Parviz Jan, c'est toi notre chef, alors vas-y.

— Ce n'est pas moi, c'est Firouzeh, *befarmain*, vas-y toi Nader.

Les autres passagers commençaient à s'impatienter, l'agent de sécurité apostropha Parviz : « Eh, le gros, t'avances ! » Parviz, Ali et Nader cherchèrent du regard à qui il pouvait s'adresser. Firouzeh arriva à cet instant et se planta devant l'agent :

— Où avez-vous appris la politesse ?

— Je ne m'adressais pas à vous, dit l'agent.

— C'est moi qui m'adresse à toi, je te demande de présenter tes excuses, ce n'est pas un langage digne d'un fonctionnaire de la République islamique d'Iran.

— Excusez-moi.

— Allez-y, dit Firouzeh à Nader, Ali et Parviz en rejoignant la file des femmes.

Dès le décollage, Nader s'était mis à déambuler dans les allées en scrutant les passagers. Parviz, qui débordait largement sur son voisin, n'avait pas quitté sa veste rouge. Il avait réussi à obtenir deux plateaux-repas. Ali récitait de la poésie aux hôtesses. Firouzeh s'approcha de Parviz :

— Nous pourrions prendre un thé tous les quatre à l'arrière.

— Bien sûr, dit Parviz en se levant de son siège, écrasant un peu plus son voisin qui se retrouva collé au hublot.

Ali partit à la recherche de Nader qui monologuait à l'avant sur la pertinence de la position de sécurité devant un personnel de bord interloqué : « Aucune étude n'a permis de démontrer une augmentation des chances de survie en cas de crash pour les passagers qui l'ont observée. En revanche, cette position peu naturelle peut provoquer des problèmes de dorsalgie qui s'ajouteraient au stress post-traumatique en cas, très improbable, de survie, ce qui évidemment coûterait des millions aux compagnies aériennes en réparation de dommages. Il serait dans leur intérêt de diminuer les potentiels de survie », conclut Nader dans un silence glacial qu'il ne remarqua pas.

Quand ils furent réunis à l'arrière, Firouzeh leur dit :

— Ça me fait plaisir de vous retrouver. Maintenant, on est en mission, plus de capitaine, chef ou autres, on est une troupe de danseurs. Nous devons être unis pour réussir, ne laissez rien vous distraire. On ne se fait pas remarquer, des réponses simples, des contacts réduits au minimum. J'espère pouvoir compter sur vous et me montrer à la hauteur de votre confiance. Il y a dix ans, vous aviez fait beaucoup de sacrifices, aujourd'hui c'est votre chance de montrer ce que vous pouvez faire pour notre pays. Nous sommes vraiment la dernière chance, cette fois.

— Je suis sûr que le général a autre chose en tête, nous ne pouvons être la dernière chance de tout un pays, dit Parviz.

— Si, si, le général et le colonel me l'ont répété. Notre action est suivie de près par les plus hautes instances.

— On fera de notre mieux, mais miser sur un seul cheval diminue statistiquement les chances de réussite, dit Nader. Ils doivent avoir autre chose pour calmer les révolutionnaires.

— Non, pas d'autres plans dont je sois au courant, dit Firouzeh.

— Très bien, puisque nous sommes la dernière chance, nous saurons nous en montrer dignes, tendre chacun de nos muscles, chaque respiration, chaque battement de cœur vers la sauvegarde de la nation, du peuple de la République islamique d'Iran, clama Ali enthousiaste, comme pendant l'épopée Gilgamesh en Mésopotamie qui…

— Merci, Ali, coupa Firouzeh pour éviter la grande fresque historique, ça fait combien temps qu'on ne s'est pas vus ?

— Sept ans, trente-sept jours, huit heures, dit Nader.

— Ah oui, qu'est-ce que vous avez fait pendant tout ce temps ? demanda-t-elle.

— J'ai repris le garage de mon père. J'ai fait également pas mal de sport, dit Parviz.

— Quel type de sport ? demanda Firouzeh.

— Tout ce que tu nous as appris, j'ai répété le moindre pas de danse, dit Parviz.

— Ah… dit-elle en fixant le visage de Michael sur le tee-shirt qui semblait encore plus tendu qu'au départ.

— On pourrait penser que j'ai pris un peu de poids mais c'est surtout de la rétention d'eau, quarante-huit heures de drainage et c'est réglé.

— Ça marche vraiment, le drainage ? demanda Ali.

— Oh oui, c'est une technique américaine ou peut-être allemande, dit Parviz.

— Ah ça doit être parfait alors, dit Nader. Moi, tu te rappelles, je suis d'Ispahan, j'y suis retourné, je suis guide. Le tourisme est vraiment en plein essor, en dix ans on a multiplié, grâce notamment au travail des guides, le nombre de touristes par dix...

— Ah oui ? dit Firouzeh. Et les chorégraphies ?

— Aucun problème, dit Nader.

— Tu as répété ?

— J'ai découvert des choses assez intéressantes sur la structuration des morceaux de Michael en lien avec la séquence de Fibonacci, ce qui a, bien sûr, une influence sur les pas que tu nous as enseignés, je peux brièvement vous en exposer les principaux ressorts... commença Nader.

— Ça doit être très intéressant, dit Firouzeh, on aura le temps en voiture, et toi Ali ?

— Je me suis spécialisé dans cet art ancestral du peuple iranien qu'est le commerce et qui remonte, comme vous le savez, à la route de la soie qui traversait nos magnifiques contrées, j'ai développé des affaires.

— Des affaires de quoi ? demanda Firouzeh.

— De tout, c'est simple, si tu regardes les cours et que tu as accès à l'opérateur qui peut intervenir au bon moment sur le marché, tu prends les décisions qui s'imposent en t'assurant que les personnes impliquées agissent en connaissance de cause.

— Ah... oui... ça marche pour tout ?

— Oui oui, tout ce que tu veux, une voiture, un tapis, des pistaches, l'essentiel c'est l'opérateur, le marché et le bon moment mais surtout le bon moment... Enfin, tout ça n'a aucune importance, nous sommes la dernière chance, et que sont de maigres considérations pécuniaires au regard de notre responsabilité devant l'Histoire ?

— Oui, justement, à propos de dernière chance, dit-elle tout d'un coup, sérieuse, il va falloir dès les présélections...

— Comment ça ?

— Oui, on ne sera auditionnés par Michael que si on passe les présélections.

— Même nous ? C'est parce qu'ils n'ont pas encore vu Parviz, dit Ali.

— Dès qu'ils l'auront vu, il ne pourra plus être question de présélection, renchérit Nader.

— Non, il va falloir passer les auditions comme tout le monde et être très bons pour pouvoir s'approcher de lui ; sinon, finie, la mission.

— Aucun problème, dit Parviz en initiant un moonwalk sans voir l'hôtesse arriver derrière lui.

En tentant d'éviter Parviz, elle renversa un plateau-repas sur un passager. Parviz se retourna aussitôt avec une vivacité qui étonna Firouzeh, sortit un paquet de Kleenex de sa poche et se mit à frotter frénétiquement la veste pour essayer d'enlever la sauce verte du *rolme sabzi* tout en s'excusant.

— Je suis désolé, pardonnez-moi, dit Parviz.

— Ce n'est rien, dit le passager impressionné par cet homme corpulent à moitié couché sur lui.

— Vraiment je suis désolé, ce n'est rien, ça va partir immédiatement.

— Ah oui, vous êtes sûr ? demanda le passager qui voyait la manche de son costume beige devenir de plus en plus verte. *Dast't dard nakond* – que votre main ne vous fasse pas mal –, ajouta-t-il en essayant de le repousser.

— Ce n'est rien, *nokar'tem* – je suis votre esclave.

— Ça va, ça va, c'est bon, c'est très bien comme ça, merci, dit le passager.

— Firouzeh, t'as vu ce moonwalk, il n'a rien perdu ! dit Ali.

— Bon, on va peut-être aller se rasseoir, n'oubliez pas, Amir nous a demandé la plus grande discrétion, dit Firouzeh en regardant Parviz tenter maintenant de nettoyer la manche avec un autre Kleenex trempé dans une tasse de thé, causant, d'après la tête du passager, une brûlure au moins superficielle.

Le reste du vol se passa sans encombre.

They don't care about us

Les garçons étaient déjà montés dans leur chambre. Firouzeh vérifiait les fiches de renseignements à la réception de l'hôtel quand elle entendit un client avec un accent iranien. Elle reconnut Jafar Rezaï, le célèbre réalisateur.

Il n'arrêtait pas de s'excuser. On lui répondait de façon assez arrogante. Elle voyait qu'il n'obtiendrait rien. Jafar était connu comme un opposant au régime. C'était une occasion inespérée d'en apprendre plus sur lui et ses réseaux. Elle s'approcha.

— Excusez-moi, Monsieur Rezaï, vous permettez que j'essaie d'intervenir, dit-elle en farsi.

— Cela fait tellement plaisir de tomber sur une compatriote, mais merci, merci, ne vous inquiétez pas, ils n'ont apparemment plus de place ni trace de ma réservation, je vais trouver une chambre ailleurs.

— *Ejazeh bedid* – donnez-moi l'autorisation –, demanda Firouzeh.

— Je vous en prie, répondit-il.

Elle se retourna vers le réceptionniste :

— Vous allez appeler immédiatement votre manager qui va appeler le directeur de l'hôtel pour l'informer que le *New York Times* est en train d'interviewer un des plus grands cinéastes au monde qui a été mis à la porte de votre hôtel parce qu'il est iranien.

— Mais pas du tout, Madame, vous comprenez...

— C'est vous qui ne comprenez pas, rétorqua-t-elle en sortant son téléphone. Je suis très fatiguée, Monsieur Rezaï aussi. J'appelle mon ami Andrew Rosenthal, rédacteur en chef du *New York Times*, et vous, vous appelez votre manager.

Le réceptionniste décrocha son téléphone et chuchota d'un air embarrassé pendant que Firouzeh parlait avec Rosenthal. Jafar Rezaï était très gêné.

— Ce n'était pas la peine, je peux trouver un autre hôtel...

— *Dar khedmat, rabl nadard* – à votre service, ça n'a pas votre valeur –, dit Firouzeh.

— *Korbane shoma* – je suis votre âme.

— Je vous en prie... lui dit-elle, puis, s'adressant au réceptionniste : « C'est bon ? Il est prévenu, votre manager ? »

— Le manager arrive, il m'a dit qu'il allait trouver une solution.

— Êtes-vous sûr ? demanda Firouzeh.

Le manager s'adressa directement à Jafar.

— Je suis désolé, toutes mes excuses. C'est un malentendu, la suite était pour vous, il y a eu un problème de communication interne, dit-il en regardant Firouzeh qui continuait de téléphoner.

— Ah, attends, Andrew, dit Firouzeh en fixant le manager... La suite, on est d'accord ?

— Oui, madame, tout à fait.

— C'est bon, Andrew, c'est arrangé, je te remercie pour tout, je te rappelle. Bien sûr, Jafar sera d'accord pour ton interview.

Ils se retrouvèrent dans l'ascenseur.

— *Motchakeram, ma ra charmandeh kardid* – merci, vraiment vous m'avez rendu honteux –, dit Jafar.

— *Rabl nadarad* – ce n'est rien –, ça n'a pas votre valeur.

— Aucun problème pour l'interview.

— Quelle interview ?

— Avec le *New York Times.*

— Je ne connais personne là-bas, il n'y avait personne au bout du fil.

— Mais Andrew...

— Oui, c'est le rédacteur en chef, j'ai lu son nom sur le journal dans l'avion.

Jafar la regarda avec un sourire malicieux.

— Vous êtes incroyable, l'audace des femmes iraniennes finira par nous sauver de ce régime obscur. J'aimerais vous offrir une tasse de thé. Si vous en êtes d'accord, nous pourrions nous retrouver dans une heure dans le lobby ?

— Ça sera un grand plaisir, dit-elle d'un air flatté. Elle avait aussi appris à jouer de sa physionomie pendant ses entraînements.

Firouzeh rejoignit Jafar dans le lounge avec ses larges fauteuils en velours bordeaux, sa lumière tamisée et son pianiste de jazz.

Il se leva pour l'accueillir. Elle portait un chemisier blanc légèrement déboutonné, une jupe haute étroite qui soulignait la finesse de sa taille et des chaussures à talon noires. Elle s'était légèrement maquillée, ses longs cheveux noirs encadraient son visage typiquement iranien. On lui avait appris ce qui faisait parler les hommes.

Jafar fut surpris de la transformation et esquissa un sourire en la voyant s'approcher. C'était un bel homme avec ce côté *old school* des intellectuels iraniens.

— *Khasteh nabashid, befarmain* – ne soyez pas fatiguée, donnez vos ordres –, dit-il en reculant un fauteuil pour elle.

— Merci, *dastatoun dard nakonad* – que votre main ne vous fasse pas mal.

— Je voulais encore vous remercier, la chambre est parfaite, vous devriez la voir, c'est une superbe suite. Je n'aurais jamais pu l'avoir sans votre intervention, *sharmandeh kardid* – vous m'avez rendu honteux.

— *Rabl nadard* – cela n'a pas de valeur –, je n'arrive pas à croire que je suis tombée sur vous avec tous les hôtels de New York, mais que faites-vous ici ?

— Je reviens de Los Angeles et je repars pour Montréal. J'étais invité par des producteurs américains pour donner une conférence à l'UCLA sur le cinéma iranien.

— C'est extraordinaire de rencontrer tous ces gens, il y a une grande communauté iranienne à Los Angeles, je crois. Vous devez être adulé.

— Vous savez, c'est plus drôle qu'extraordinaire. Vous passez la journée à entendre des stéréotypes et à essayer en vain de les briser. Les Iraniens de Los Angeles fantasment l'Iran à travers les repas de leur mère et les pâtisseries. Les Américains pensent que les Iraniens passent leur temps à fabriquer des bombes dans leur garage et que les Iraniennes adorent porter le tchador. Ils ne savent pas combien les femmes de notre pays peuvent être belles, dit Jafar en la regardant.

— Merci, c'est trop d'honneur, dit Firouzeh qui trouva opportun de soutenir le regard de Jafar. Pourquoi y allez-vous, alors ?

— On est tous prisonniers de quelque chose...

— Même vous ?

— Eh oui, ma chère, si je veux tourner mon prochain film, je dois céder au jeu de la représentation, mais finalement, si on parvient à ne pas prendre tout cela au sérieux, ça fait plutôt rire.

— Ça vous fait rire que les Américains pensent que les Iraniens sont tous des terroristes ?

— Bonjour Madame, bonjour Monsieur, les interrompit le serveur en fixant Firouzeh. Qu'est-ce qui vous ferait plaisir pour commencer ?

— Je vous en prie, dit Jafar en tendant le menu à Firouzeh.

— Je...

— Peut-être un peu de vin ? dit Jafar en guettant sa réaction.

— Avec plaisir, répondit Firouzeh persuadée que, si elle ne buvait pas, il se méfierait. Une figure des mouvements contestataires comme lui devait sûrement savoir ce qui se tramait en Iran.

— Un blanc, sec, un peu minéral, un pinot gris par exemple vous irait ? demanda Jafar.

— Parfait... acquiesça Firouzeh qui n'avait aucune idée de ce que ça pouvait être.

— Deux verres ? demanda le serveur.

— Mettez plutôt une bouteille, ça nous détendra.

— Parfait, tout de suite, Monsieur.

Jafar reprit la conversation de sa voix posée.

— Ce qui est drôle ici, c'est qu'ils clament être le pays le plus fort du monde alors que la seule chose qui transparaît de leur attitude, c'est la peur des autres. C'est à ça que servent les stéréotypes, rassurer ceux qui ont peur en mettant les autres dans une case. Regardez en Iran en ce moment, tout le monde pense que ce sont les bons révolutionnaires contre un mauvais régime, mais il n'y a ni mauvais ni bons. Les bons d'aujourd'hui sont les mauvais de demain. Les mêmes personnes qui ont manifesté pour Khomeini manifestent maintenant contre le régime. Tout cela n'a pas beaucoup de sens.

— Mais les gens sont dans la rue, on m'a dit que tout s'amplifie, ça a forcément un sens.

— Pas du tout, les gens sont manipulés, on leur vend une idée qui n'a aucune réalité. Celui qui mène ce mouvement est un ancien du régime qui ne poursuit que ses intérêts. On enrobe ça avec quelques mots comme « liberté », « démocratie », une écharpe ou un drapeau, et le tour est joué, on a des milliers de gens dans la rue pour une idée qui n'existe pas, contre une autre qui a fait son temps. J'ai appris à me méfier : plus il y a le mot « liberté » ou « démocratie », plus on est face à une idée totalitaire.

— Le régime est une véritable dictature qui mériterait d'être renversée, les femmes n'ont aucune liberté, on torture impunément. Elle voulait le pousser à livrer le fond de sa pensée.

— C'est vrai, mais tout cela n'est qu'un cycle.

— Un cycle ?

— Bien sûr qu'il y a énormément de souffrance en Iran et, comme vous l'avez dit, le régime est horrible. Tout le monde le sait, même les dirigeants du pays. On assassine les opposants qui manifestent pacifiquement dans la rue, on les torture dans la prison d'Evin et probablement ailleurs, on met au supplice leur famille, mais il y a trente ans, sous le Shah, on faisait la même chose avec les communistes.

— Pas à la même échelle.

— Pas à la même échelle, vous avez raison mais ce n'est pas l'échelle qui est importante, c'est l'esprit. À l'échelle de notre civilisation, le régime du Shah ou l'actuel sont des clignements de cils. Le régime, les partis politiques et même les nations ne sont pas réels ; ce qui compte, ce sont les gens, leurs émotions, leurs rires, leurs souffrances... C'est ce que j'essaie de montrer dans mes films, j'essaie de montrer l'immense beauté des petites choses.

— Mais vous qui êtes une figure de la contestation, vous avez bien une idée de ce qui pourrait renverser ce régime pourri ?

— Franchement aucune ! Je ne veux pas m'approcher de la politique. Je ne veux pas que mes idées soient utilisées par d'autres.

— Mais notre pays est pris en otage par un régime, dit Firouzeh.

Jusque-là, il n'avait rien lâché ; soit il était très fort, soit il était innocent, mais on avait appris à Firouzeh que personne n'est innocent.

— L'Iran, ce n'est pas un régime, une politique, l'Iran c'est bien plus grand, dit Jafar en reprenant une gorgée, vous n'aimez pas le vin ? Vous n'en buvez pas beaucoup, peut-être ne vous plaît-il pas ? Voulez-vous que j'en commande un autre ?

— Non, non, il est parfait. Elle avala une grande rasade. Elle sentit une explosion de chaleur au creux de son ventre, elle trouva ça moins désagréable que ce à quoi elle s'attendait. Il n'était sûrement pas innocent, elle l'avait sous-estimé. Plus grand que quoi exactement ? reprit-elle en se sentant obligée d'avaler une gorgée chaque fois que Jafar en prenait une.

— Ok, que faites-vous par exemple ?

— Je suis chorégraphe et danseuse, j'ai passé ma vie à Londres, je suis revenue il y a deux ans en Iran pour créer une compagnie de danse.

— Eh bien, l'Iran, c'est exactement cela ; une très belle chorégraphe qui défend un pauvre réalisateur pour lui obtenir une chambre d'hôtel.

— Ce n'est rien, vous deviez l'avoir et vous n'êtes pas un pauvre réalisateur, vous êtes un *ostad* – maître.

— Non, *sharamndeh mikonid* – vous me rendez honteux… C'est cela, l'Iran ; notre façon de parler, notre cuisine, manger avec les doigts, se battre pour le croustillant du riz, réciter de la poésie. L'Iran, ce sont des hommes qui aiment les fleurs et des femmes qui se battent pour ces hommes. L'Iran, c'est plus grand que la politique ou un régime totalitaire.

— Oui, je comprends mais en ce moment l'Iran ce n'est pas ça, les gens souffrent, certains sont tués ou torturés pour leurs idées, dit-elle en reprenant une gorgée.

— Tu ne vis pas en Iran depuis longtemps, moi j'y ai toujours vécu, dit-il en remplissant le verre de Firouzeh, et je tente de capturer ces petites choses dans mes films. Je vais dans les villages, je cherche des visages, des petites histoires qui racontent la générosité, la façon d'aimer les enfants, la façon dont ce peuple construit une épopée avec la moindre anecdote. Je tente de capturer la beauté qui se cache dans les banalités, j'essaie de montrer à quel point le combat ordinaire est le plus beau des combats.

— Ce n'est pas toujours beau.

D'un coup, Firouzeh eut l'impression d'avoir vécu dans un monde gris. Jafar parlait lentement en prenant le temps de choisir ses mots. Il remuait ses mains avec élégance pour illustrer ses propos. Elle se sentait de plus en plus détendue.

— Non, dit Jafar, c'est vrai, dans la difficulté nos démons se réveillent, la colère nous ronge, on devient comme ces Américains dont les maisons sont toujours fermées, qui vous serrent dans leurs bras sans vous embrasser. C'est ce qui se passe en Iran aujourd'hui, on tue celui dont on a peur, on le torture pour lui faire avouer des fautes qu'il n'a pas commises, pour se rassurer, c'est ce qui arrive quand nous perdons notre poésie et que nous devenons comme les autres. Mais trêve de grands discours, j'ai un peu faim, vous m'accompagneriez au restaurant ?

— Avec plaisir, dit Firouzeh en pensant qu'elle n'avait pas obtenu grand-chose.

— On finit la bouteille et on va grignoter un morceau, il faut que vous me parliez de vous, tout ça a été très sérieux et je ne sais rien de ma sauveuse. Une Iranienne qui rentre de Londres à Téhéran pour créer une compagnie de danse ! Un sujet de film !

— Ça n'intéressera personne, c'est assez banal une école de danse.

— Au contraire, en Iran, c'est de la résistance, voire un début de révolution ! Je suis sûr que les membres du jury à Cannes, Berlin ou Venise adoreraient.

« Allez », dit-elle en levant son verre. Personne en Iran autour d'elle, dans les services, ne voyait les choses comme Jafar. Tout était politique, calcul, complot… Elle vivait dans le même pays que lui, mais l'Iran de Jafar lui était inconnue. Elle avait passé trop de temps à travailler, ne voyant que sa famille pendant son temps libre, elle ignorait tout ce dont il parlait.

Ils rejoignirent le restaurant où Jafar commanda une autre bouteille de vin.

— Rouge, ça vous va pour le dîner ?

— Oui, oui.

— Racontez-moi ce qui vous amène à New York ? demanda-t-il en la servant généreusement.

— Je dirige d'une troupe de danseurs qui doit passer une audition ici.

— Mais comment en êtes-vous arrivée à la danse et la chorégraphie ?

— La danse est un langage, celui du corps, on raconte une histoire, une de vos petites histoires, sans parole, juste avec son corps, dit-elle en se rendant compte qu'on ne lui avait jamais posé cette question. Depuis dix ans dans les services, on l'avait beaucoup félicitée mais personne ne s'était vraiment intéressée à elle.

— Je pensais que c'était surtout de la technique.

— Mais non, regardez si je me lève de table brutalement, ce n'est pas la même chose que si je me lève comme ça, dit-elle en se redressant très lentement sur sa chaise. Notre façon de bouger raconte une histoire. Rien que la façon dont je bois du vin est un langage. Rapidement, nerveusement, à l'aise, chacun de mes gestes raconte une histoire. Mon métier est de raconter une histoire sans parole.

— Finalement, on fait la même chose avec des moyens différents.

— Peut-être, mais les films que vous faites sont plus engagés, je ne veux pas croire que vous ne fassiez que raconter des histoires, sinon le régime n'en aurait pas après vous.

— Ma chère, je raconte des histoires toutes simples, sans grand intérêt, mais le régime met la lumière sur elles et donc sur moi.

— Mais vous montrez des sujets polémiques... vous devez être entouré de gens plein d'idéaux qui vous inspirent.

— Tout le contraire, je me méfie des gens avec des idéaux trop élevés. Je m'intéresse à des événements simples, c'est la lumière qui les rend polémiques. Si je montre des filles en train de faire du sport sans se couvrir les cheveux et que le régime m'accuse de prôner la liberté des mœurs, mon film sera projeté à Venise, Berlin ou Cannes et j'aurai un prix, mais si je fais le même film en Europe, personne ne le regardera. Je ne suis pas comme toi, je suis un artiste créé par le système, c'est bien plus facile.

— Et tu vas faire quelque chose sur les protestations ? dit-elle en passant comme lui au tutoiement.

— Je ne sais pas, je n'étais pas en Iran quand ça a commencé, et il faut voir ce que ça va donner mais je ne crois pas qu'il en sorte grand-chose.

— Mais tu ne penses pas ou tu n'espères pas que le régime chute ?

— J'espère, bien sûr, qu'il chute mais je ne suis pas sûr que ça serait mieux avec ceux qui mènent cette révolution. L'Iran n'est pas encore prête, il nous faudrait une révolution bien plus profonde avec un changement des mentalités, mais ça, c'est une autre histoire que je raconterai peut-être un jour...

— Comment ?

— Je n'en ai aucune idée, c'est aussi pour ça que j'aime mon travail, je ne sais pas comment ni quand, mais si Dieu me prête vie, je sais qu'un jour je tenterai de faire quelque chose sur la façon dont un pays change en profondeur, silencieusement…

— Tu ne sais absolument pas quand ni comment ?

— Tu me surestimes, non je ne sais pas du tout mais je connais le processus, une idée apparaît puis disparaît et je sais qu'un jour elle ressurgira dans un film parce que j'aurai trouvé des images, des histoires qui la racontent.

— C'est fascinant…

Le dîner touchait à sa fin, Jafar avait commandé une troisième bouteille qu'ils venaient de finir avec le dessert.

Firouzeh avait la tête qui tournait mais elle se sentait bien. Elle n'avait rien appris de compromettant, elle n'était pas sûre que Jafar soit intéressé par la politique ou le régime. Il avait l'air profondément attaché à ceux qui n'intéressent personne. Il avait ce côté poétique qu'ont certains Iraniens qui traversent la vie comme si tout était instantané. C'était peut-être ça le talent, être capable de capturer la beauté là où les autres ne voient rien.

Jafar lui proposa de lui montrer sa suite avec un sourire. Elle le suivit. Après tout, Amir lui avait donné carte blanche pour en savoir plus sur les ennemis de l'Iran.

Elle en ressortit au milieu de la nuit, elle n'avait pas recueilli beaucoup d'informations sur la contestation, mais les heures passées avec Jafar avaient été très instructives.

History

Mike Gomes détestait venir dans les bureaux de la CIA à New York. Chaque fois, ils lui exposaient une de leurs théories fumeuses en lui rajoutant une tonne de boulot inutile. De plus, sa femme l'avait quitté, il compensait avec la nourriture, ses costumes commençaient à être serrés.

Il avait été convoqué par le chef du bureau Iran qu'il ne connaissait pas.

— Salut, Mike, je suis l'agent John O'Connor, voici mes adjoints Pamela Strove et Dave Reno.

— Enchanté, Mike Gomes, FBI.

O'Connor et Reno étaient l'archétype de l'agent de la CIA, costume gris, chemise blanche, corps musclé, visage lisse, cheveux courts. En revanche, il trouvait l'adjointe pas mal. Elle était venue le chercher à la réception et lui avait tout de suite tapé dans l'œil. Il trouvait qu'elle avait un truc spécial. C'était vraiment son genre et, avec le départ de sa femme, il avait besoin de se remettre dans le jeu.

— On n'a pas trop de temps pour les présentations, comme tu le sais, la situation en Iran est explosive. On pense que le régime ne tiendra pas. Bon, on n'est pas emballés par celui qui pourrait arriver mais dans les périodes d'incertitude, on a plus de marge de manœuvre pour faire progresser nos intérêts, dit O'Connor.

— Je pensais que nos intérêts étaient aux USA, dit Mike habitué aux roulements de mécaniques des types de la CIA.

— Oui, Mike, mais parfois, pour protéger nos frontières, on doit agir loin de la maison. Comme tu le sais, le monde est devenu bien plus complexe qu'on ne le pense. Tout est battement d'ailes de papillon, un taliban se coupe en se rasant et ça déclenche un attentat chez nous, dit O'Connor.

Mike se demandait s'il avait vraiment fait cinq heures de route pour entendre ce genre d'âneries. Pour rendre la chose moins pénible, il prit un donut, il n'y avait pas ses préférés avec des M&Ms mais ça faisait passer le temps. O'Connor continuait à parler mais Mike n'écoutait plus, son regard passait de l'huile qui suintait du donut à Pamela.

— ... nos soldats qui, au péril de leur vie, Mike ? Mike ! Vous m'écoutez ? demanda O'Connor.

— Oui, oui, les frontières, le péril, les soldats... Je connais un peu mais pourquoi je suis là, moi ? J'ai vraiment plein de boulot, répondit-il en arrachant une feuille du bloc-notes pour s'essuyer les mains sous le regard médusé des trois agents. Vous avez du café par hasard avec les donuts ?

— Je vais aller en chercher un pour moi aussi, dit Pamela, noir j'imagine ?

— Non, non, deux sucres et du lait si possible. J'aime pas quand c'est amer.

— Bon, Mike, l'agent Reno va vous exposer la situation, dit O'Connor.

— Comme vous le savez, l'Iran est une civilisation très ancienne, son avènement remonte à plus de deux mille ans avec de glorieuses périodes comme l'Empire perse sous Darius qui s'étendait de l'Inde à la Grèce... commença Reno.

— Et Darius, il menace l'Amérique ? Est-ce qu'on peut aller un peu plus vite parce que la seule chose inquiétante pour la sécurité de ce pays, c'est la longueur de cette réunion, l'interrompit Mike tout en mangeant son donut.

— Agent Reno, Mike a raison, je ne suis pas sûr qu'on ait assez de donuts pour couvrir toute l'histoire de l'Empire perse, pouvez-vous aller au fait ? reprit O'Connor qui se demandait dans quelles poubelles le FBI recrutait ses agents.

— Ok j'abrège, le régime actuel a peur et pourrait inciter certains extrémistes à passer à l'acte aux États-Unis pour éviter une révolte populaire, dit Reno.

— Mais pourquoi ils passeraient à l'acte ici ? demanda Mike.

— Comme ça on leur déclare la guerre, ça soude le peuple autour du Guide et le régime est sauvé ! répondit Reno.

— Eh ben c'est simple, ne leur déclarez pas la guerre ! Je peux y aller maintenant ? dit Mike en faisant mine de se lever.

— Pardon ?

— Je viens de vous donner la solution, quoi qu'il se passe, ne leur déclarez pas la guerre ! Je vais maintenant prendre congé, avec votre autorisation. Ce fut une joie de vous rencontrer, surtout vous, Pamela.

— On n'a pas tout à fait fini, reprit O'Connor qui commençait à en avoir marre des pitreries du FBI. Ils avaient dû lui envoyer leur pire élément. Agent Reno, reprenez, s'il vous plaît...

— Ok, on a déjà mis pas mal de monde sous surveillance, on a vérifié toutes les entrées de personnes d'origine iranienne ces derniers jours et nos agents ont repéré une fille au profil particulier. Elle est soi-disant chorégraphe. On n'a rien sur elle qui paraisse fiable, elle est censée avoir vécu à Londres, mais les Anglais n'ont rien trouvé non plus.

— Je pensais que c'était au FBI de gérer ces trucs quand ils sont sur le territoire ? dit Mike.

— Oui, normalement, mais apparemment vous êtes très occupés, coupa O'Connor. Pamela, tu peux faire le brief sur les personnes à surveiller ?

Mike se redressa en disposant le bloc-notes devant lui.

— La fille s'appelle Firouzeh Shirazi, elle a trente-trois ans. Physique athlétique, elle voyage avec trois Anglais d'origine iranienne comme elle, Parviz Vaziri, trente-quatre ans, Nader Sharifi, trente-trois ans, Ali Mostophi, trente-cinq ans, tous trois danseurs, mais on n'a aussi peu d'informations sur elle que sur eux. On les suit depuis leur arrivée.

— Ah… dit Mike subjugué par la précision et l'éloquence de Pamela. Il avait noté sur le bloc « danseur » et « donut » sans savoir pourquoi.

— Ils ont dormi dans un hôtel où se trouve également le réalisateur d'opposition iranien, Jafar Rezaï ; on pourrait imaginer qu'ils ont été envoyés pour l'assassiner…

— On pourrait aussi imaginer une coïncidence, dit Mike, de plus en plus admiratif du phrasé de Pamela.

— On ne croit pas trop aux coïncidences par ici… reprit O'Connor. On voudrait que vous enquêtiez sur eux, ils sont maintenant à l'intérieur du pays, c'est de votre ressort. On sera de toute façon prêts à intervenir en cas de besoin. Vous pouvez compter sur nous, Mike, à tout moment.

— Ils ont quitté ce matin leur hôtel, ajouta Pamela.

— Ok, je m'en charge et merci pour le café. D'ailleurs, pour les infos, je peux peut-être voir directement avec vous, Pamela ?

— Non, l'agent Reno sera votre interlocuteur, dit O'Connor.

— Ah, ok. Bon, je vous tiens au courant si je les trouve menaçants pour la sécurité du pays et aussi nos soldats à l'étranger, et les papillons, bien entendu, dit Mike en se levant.

— Merci, Mike, on savait qu'on pouvait compter sur vous, dit O'Connor comme s'il n'avait pas entendu. Peut-être un autre donut pour la route ?

— Pourquoi pas ? dit Mike en se rapprochant de la table. Il arracha tranquillement la feuille du bloc où il avait fait mine d'écrire pour emballer le gâteau. Agent Reno, Pamela, enchanté.

Alors qu'il rejoignait sa voiture, Mike vit que son chef l'appelait.

— Comment va Mike ?

— Écoute, boss, c'est n'importe quoi, y a un taré qui te parle des soldats en Afghanistan, un psychorigide et une fille plutôt pas mal, des donuts trop gras et du café sans sucre. Je pense qu'ils sont fous, ils s'excitent pour une pauvre fille et trois mecs qui dansent. Des couvertures foireuses, j'en ai vu, mais comme ça, jamais. Que veux-tu que je fasse ? Je pose le dossier sur mon bureau et on les rappelle dans quinze jours ou je m'en occupe vraiment ?

— Vu les relations avec eux depuis le 11 Septembre, ça ne peut pas nuire de leur faire une petite fleur. Va falloir te taper au moins deux jours de filature. Je te laisse gérer avec la CIA pour les rapports, ça me fera des vacances. Et Mike, ça va avec ta femme, tu t'en sors ?

— Là oui, elle est complètement partie. Il y a plus que les papiers du divorce à remplir. Mais la fille de la CIA est vraiment incroyable, tu devrais voir ça, je pense que je lui ai tapé dans l'œil.

— Oui, j'imagine qu'ils n'ont pas beaucoup de mecs aussi relax que toi là-bas, ça doit la changer. T'es le meilleur, Mike, et tu mérites de te reconstruire. Après le départ de Dorothy, je sais que tu as traversé une période difficile. On est tous avec toi. Fais comme d'habitude, surveille les mecs de près, et dès que t'es sûr que ces crétins se sont plantés, tu rentres au bercail. Bonne chance avec la petite !

— Ok, je m'en occupe, attends je te laisse, y a James Bond qui m'appelle.

— Rebonjour, Mike, c'est Reno, on vient de me dire que la cible se déplace dans un véhicule décapotable de couleur rouge, de marque Mercedes, immatriculé en Illinois 290858 MJ.

— Mais la sécurité intérieure, je croyais que c'était nous ?

— Oui, c'est vous, mais pendant que vous ingurgitiez des donuts, le véhicule nous a été signalé sur la E80W.

— Super, je m'en occupe, je prends la route, et Pamela va bien ?

— Il n'entre pas dans mes attributions de me préoccuper de la santé de mes collègues, dit Reno en prenant sa veste pour suivre Mike en qui il n'avait aucune confiance.

The way you make me feel

Firouzeh n'avait pas eu la force de demander des explications quand elle avait vus revenir Parviz, Ali et Nader à l'hôtel avec une Mercedes rouge décapotable. Elle imaginait très bien ce qui s'était passé. Ali avait dû faire remarquer qu'une décapotable, rouge de surcroît, n'était pas le meilleur moyen de se faire discret. Nader avait dû se lancer dans une étude sur la perte d'aérodynamie due à la capote. Parviz avait dû l'emporter par un : « Taisez-vous, les enfants, je suis le plus légitime pour louer cette voiture, c'est elle qu'il nous faut : elle est magnifique ! »

Elle s'était petit à petit endormie, bercée par le ronronnement de la Mercedes et l'album *Bad* qui tournait en boucle.

Parviz était très concentré sur la conduite. Ali et Nader discutaient des différences avec l'Iran ; des routes en bon état, des voitures neuves...

— Parviz, tu pourrais changer ? J'adore *Bad* mais, là, ça fait au moins trois fois, demanda Ali.

— Ali, comment peux-tu te lasser de *I just can't stop loving you, Bad, The way you make me feel, Man in the mirror, Dirty Diana*, sans parler de *Smooth criminal* ? répondit Parviz. C'est un album extraordinaire qu'il faut justement écouter en boucle pour en saisir tout le génie, je te rappelle qu'il sort cinq ans après *Thriller*, cinq ans pendant lesquels Michael a dû gérer un conflit majeur avec toute sa famille, des amitiés rompues avec des stars sans parler de tous ses problèmes de santé qui ont entraîné un changement d'apparence.

— Pas du tout, il s'est fait opérer, intervint Nader.

— Oui, c'est facile, on parle beaucoup de ses opérations mais pas de ce qui les a provoquées. On oublie ce qu'il a dû affronter, dit Parviz.

— Mais il s'est fait blanchir la peau, refaire le nez, défriser les cheveux, ce ne sont pas des problèmes de santé, intervint Nader.

— Comme tu le sais, les problèmes de peau sont très fréquents et il souffrait peut-être d'une déviation de la cloison nasale, c'est commun… en Iran, toutes les filles semblent en souffrir et se font opérer. Quant à ses cheveux, je préfère ne pas vous rappeler qu'il a reçu un projecteur qui a mis feu à ses cheveux lors du tournage de la pub pour Pepsi, dit Parviz.

— Tu racontes vraiment n'importe quoi, dit Ali, il faut que tu sois plus objectif.

— Attends, dit Parviz, le type souffre, il n'a plus un ami, il réussit à écrire un album avec sept chefs-d'œuvre et c'est moi qui raconte n'importe quoi ! Toi, tu aurais le dixième du quart de ses problèmes, tu ne serais même pas capable de te faire cuire un œuf. Vraiment vous me décevez de le laisser tomber comme ça, vous ne valez pas mieux que toutes ces célébrités qui l'ont abandonné. En plus, vous n'êtes même pas célèbres.

— Mais de quoi tu parles ? dit Nader, j'essaie d'apporter des précisions indiscutables.

— Tes précisions sont bonnes pour ta tante… j'en ai pas besoin, tu peux les garder pour toi, Nader. Et toi, Ali, ce n'est pas mieux… J'aurais préféré voyager avec Mehrad Nouri et sa grand-mère, il en perdrait son deuxième œil en vous entendant.

— Qui ?

— Mehrad Nouri, le borgne, enfin c'est son surnom, il a un œil tout le temps fermé.

— Ah oui, bien sûr, Mehrad Nouri, et alors ?

— Une fois, il a eu un accident avec sa grand-mère à l'arrière mais il avait oublié de la sortir quand il a déposé la voiture au garage. Je l'ai retrouvée le lendemain matin. La pauvre femme n'avait pas bougé. Je lui ai donné un petit déjeuner et Mehrad est revenu la chercher le soir. Elle est restée avec moi toute la journée au garage.

— Que Dieu ait pitié d'elle, dirent Ali et Nader en même temps.

— Ça fait longtemps que je n'ai pas eu de nouvelles, il faudra appeler Mehrad quand on rentrera, dit Parviz.

— Contrairement à Mehrad, Parviz, tu as deux yeux mais tu n'as toujours pas remarqué qu'on était suivis, dit Nader.

— On est aux États-Unis d'Amérique, la plus grande démocratie du monde, personne ne nous suit, dit Ali.

— On est suivis par un break Ford depuis une quinzaine de minutes, seize exactement, conduit par un homme blanc plutôt gros d'une cinquantaine d'années.

— Tu as raison, le prototype de l'espion américain, dit Ali.

— Je le vois dans mon rétroviseur, il n'est pas si gros, il a peut-être des problèmes de rétention lui aussi. Nader, ce n'est pas à ton honneur de te moquer du physique des gens, il a peut-être toute sorte d'autres soucis dont tu n'as pas idée.

— Mais je t'assure, Parviz, il est vraiment gros et ça n'a pas l'air d'être un problème de rétention d'eau, ils sont tous gros ici, répondit Nader en se retournant.

— On va s'arrêter prendre de l'essence, on verra bien s'il s'arrête aussi, dit Parviz, ils vendent sûrement de ces très bons gâteaux ronds, je commence à me sentir en hypoglycémie.

Mike, voyant qu'ils s'arrêtaient, continua sa route pour les attendre un peu plus loin. Il ne se ferait pas avoir par une ruse de débutant. En les doublant, il put jeter un coup d'œil dans la Mercedes : « C'est pas le genre à menacer la sécurité nationale ! »

À l'arrêt de la voiture, Firouzeh, qui s'était endormie dès le départ de l'hôtel, se réveilla en criant : « Oui, mon colonel ! » Pendant quelques secondes, elle s'était crue en Iran.

— Firouzeh, ça va ? lui demanda Ali.

— Oui, très bien, allons prendre un café et grignoter quelque chose.

— Vous voyez, il ne s'est pas arrêté et on n'est pas suivis, dit Parviz. Ma vigilance est celle d'un lynx, surtout quand je conduis.

— Bravo, bravo, monsieur le lynx, allons prendre des forces, dit Ali.

Nader savait qu'il avait raison.

Reno, qui suivait Mike à bonne distance, repéra la Mercedes dans la station et se gara derrière le restaurant. Il s'installa dans la cafétéria pour les observer. Son entraînement lui permettait de décrypter les langages corporels, le petit tonique à la moustache en guidon avait l'air de diriger le groupe, le gros était placide, le grand aux cheveux mi-longs bouclés avait l'air d'être celui que tout le monde aime, enfin la fille devait juste servir de couverture avec son joli visage.

Ali et Nader s'installèrent à une table pendant que Parviz et Firouzeh passaient commande.

— Bonjour, on va vous prendre quatre burgers avec des frites et du coca. Mettez-moi aussi deux hot-dogs pour goûter, les bretzels ont l'air bien aussi, rajoutez-en deux. Ajoutez, s'il vous plaît, deux cheesecakes et trois muffins, dit Parviz qui hésitait entre les parfums des milk-shakes, les voyages donnaient faim.

— Je vous prends aussi un très grand café, faut que je me réveille, dit Firouzeh.

— Vous n'avez qu'à prendre un Red Bull, lui proposa le serveur

— Un quoi ?

— Un Red Bull, la canette avec le taureau, ça vous réveille un mort.

— Parfait, mettez-en quatre.

— Quatre, ça fait peut-être un peu beaucoup.

— Ça ira, ne vous inquiétez pas.

Reno, qui voulait entendre leur voix, se tenait derrière eux dans la queue, une vieille casquette des New York Yankees vissée sur la tête. Dès qu'ils eurent récupéré leur commande, il s'approcha du comptoir. Le serveur lui demanda nonchalamment ce qu'il voulait.

— Un café noir, sans sucre ni lait, demanda Reno.

— Ok, deux dollars, vous voulez une pâtisserie avec ?

— Non, un café noir sans sucre ni lait, répéta Reno.

— Ok ok *take it easy*...

— Rien n'est facile, dit Reno.

— Parfait, votre café noir sans sucre ni lait va arriver.

Reno reprit sa place à une bonne distance. Son café lui brûlait la gorge mais il continuait à le boire par petites gorgées. Il aimait repousser ses limites en permanence.

— Que c'est bon, ces burgers, et surtout ils se marient très bien avec le hot dog. Ali, tu ne veux pas essayer ? demanda Parviz.

— Non, ça va, Parviz Jan, merci je me régale, *dastet dard nakonad* – que ta main ne te fasse pas mal.

— Et tu ne penses pas que c'est mauvais pour ta rétention d'eau ? demanda timidement Nader.

— Mais non, ça va déjà mieux, dès qu'on se pose, je trouve la machine allemande pour le drainage.

Firouzeh avait englouti la première canette de Red Bull et se sentait mieux. Elle attaqua son burger en ouvrant la deuxième canette.

— Bon, écoutez, j'étais un peu fatiguée avec le voyage et mes entraînements intensifs avant le départ, mais ça commence à aller mieux. Il va falloir reprendre les chorégraphies. Il faudra être à la hauteur dans quatre jours, alors on n'a plus de temps à perdre. On a encore quelques heures de route puis on se pose à l'hôtel et on attaque.

— Pas de problème, on est prêts, dit Ali.

— On a fait quelques essais tous les trois hier soir dans la chambre, je crois que c'est mieux que ce qu'on imaginait, dit Nader.

— On verra, les garçons ; mieux, ce n'est pas suffisant, va falloir être parfaits.

Reno les observait. Ils semblaient inoffensifs. On aurait dit un groupe de trentenaires un peu décalés. Ils portaient des vêtements étranges lui rappelant vaguement les années quatre-vingt. Après leur repas, alors qu'Ali allait verser les restes dans la poubelle, Nader lâcha le clapet. Tout tomba par terre.

— Mais *kore khar* – graines d'âne –, *khak bar sarat* – de la terre sur ta tête –, qu'est-ce qui t'a pris ?

— Ali, je sens qu'on nous observe.

— Mais, Nader, tu es vraiment fatigant, bien sûr qu'on nous observe, on est magnifiques ! Il faut que tu te relaxes. T'as failli salir mon pantalon.

— Mais je t'assure, il y a un truc pas normal.

— Relax, s'il te plaît.

Reno, qui observait la scène de loin, vit que le grand maigre observait la salle avec attention. Il se dit que soit il s'était complètement trompé, soit ils étaient bien plus forts qu'il ne le pensait. Il sortit pour les devancer.

Mike était en train d'engloutir des chips quand il vit la Mercedes rouge passer et reprit la route en maintenant une distance raisonnable.

Beat it

Après avoir roulé toute la journée, ils arrivèrent à Chicago. Malgré l'insistance de ses compères, Parviz n'avait pas lâché le volant. Nader avait passé le trajet à se retourner pour observer les voitures. Ali avait beau lui expliquer que c'était normal de revoir les mêmes puisqu'une seule autoroute reliait New York à Chicago, il était persuadé qu'on les suivait.

Ils arrivèrent au moment où le soleil se couchait sur le lac en teintant les immeubles de downtown Chicago en rose.

— Regardez, c'est magnifique, dit Parviz.

— C'est incroyable, dit Nader, ça me rappelle le coucher du soleil à Langaroud.

— Où ? demanda Parviz.

— Langaroud, le village de mes parents.

— Ça va pas, non ! Comment oses-tu comparer Chicago à Langaroud ? s'étonna Ali.

— Je compare ce que je veux.

— Oui, mais là c'est vraiment n'importe quoi.

— Pas du tout, Langaroud c'est très bien.

— Comment oses-tu comparer les couchers de soleil magnifiques de notre pays à ça ? demanda Ali. Langaroud est bien plus beau, je m'en souviens très bien quand on était allés te rendre visite. Parviz, dis quelque chose.

— Oui, oui, s'empressa de dire Parviz, ça n'a rien à voir avec Langaroud, c'est certes un peu plus grand et un peu plus construit mais ça n'a rien à voir avec le village de tes parents, Nader.

— Ok, messieurs, vous avez raison, Langaroud c'est bien plus beau, dit Nader qui savait toute discussion sur la primauté de l'Iran inutile.

Firouzeh écoutait la discussion en souriant. Après son quatrième Red Bull, elle se sentait en pleine forme. Comme elle ne connaissait pas Langaroud, elle ne pouvait se permettre de juger mais elle pensa que rien n'est plus beau qu'un coucher de soleil de son pays.

— Les enfants, on arrive à l'hôtel, il est 19 h 30, on s'installe dans nos chambres et on se retrouve à 20 heures pour une répétition avant le dîner. Je vais réserver une salle de réunion.

Nader décida d'aller inspecter l'hôtel et ses alentours. Il était persuadé qu'ils étaient suivis, il allait le prouver à Ali et Parviz.

Firouzeh s'allongea sur son lit ; elle n'avait pas du tout sommeil, elle se sentait très confiante sur la réussite de la mission.

Elle se mit devant le miroir pour répéter quelques pas de danse. Après avoir dormi la tête contre la vitre, elle sentait son cou bloqué. Elle essaya quelques étirements. Elle devait absolument être en forme pour diriger la répétition.

Elle fit couler un bain chaud pour détendre ses muscles. Elle avait oublié d'emporter des médicaments myorelaxants, elle savait qu'un peu d'alcool permet de relâcher les tensions. Elle trouva dans le minibar une petite bouteille de vodka qu'elle mélangea avec un Red Bull dont elle appréciait le goût acidulé.

De leur côté, Parviz et Ali décidèrent de se reposer avant la répétition.

Mike avait garé sa voiture quelques blocs plus loin puis était revenu s'installer au bar de l'hôtel d'où il avait une vue imprenable sur le lobby.

Il savourait une bière fraîche quand il vit le grand maigre sortir. Il fallait prendre une décision rapide : le suivre ou rester à surveiller les autres ?

Il aimait ces moments où tout se décide en quelques secondes. S'il le suivait, il trouverait peut-être une piste mais il risquait de rater un rendez-vous important sur place, peut-être ne s'agissait-il que d'une diversion. La bière était très fraîche. Le FBI aurait dû lui fournir un assistant et, après une gorgée et l'arrivée de son plat de tacos, il décida de rester à l'hôtel. De toute façon, ces gens-là ne représentaient aucun danger.

Reno s'était posté sur le parking quand il vit le grand maigre sortir. Il savait qu'il devait le suivre, il était certain qu'il pourrait récolter des informations essentielles. Il se mit à conduire très lentement pour suivre Nader à bonne distance. Évidemment, l'autre gros du FBI n'était pas là. On ne pouvait pas leur faire confiance, c'étaient tous des paresseux qui ne comprenaient rien aux menaces qui pesaient sur l'Amérique.

Nader sentait qu'ils étaient surveillés. Son instinct ne le trompait jamais. Il devait trouver la personne qui les avait suivis. Il en allait de la réussite de la mission ; après tout, ils étaient la dernière chance, il ne pouvait pas laisser tomber son pays à un moment aussi crucial de son Histoire. Il avait enregistré mentalement les numéros des voitures croisées régulièrement sur la route, il n'y avait plus qu'à faire le tour des rues et voir s'il en retrouvait une.

Il avait marché à peine quelques minutes en cercles concentriques autour de l'hôtel lorsqu'il tomba sur une voiture qui lui paraissait familière. Il s'agissait de la Ford conduite par le gros avant l'arrêt à la station essence. Ali ferait moins le malin quand il l'apprendrait, mais, le temps qu'il retourne à l'hôtel, son propriétaire pouvait la reprendre et Ali se moquerait encore de lui.

Il pouvait évidemment crever un pneu pour l'empêcher de partir, mais sa mère aurait désapprouvé une telle conduite, il n'avait pas été élevé de cette façon. Il crocheta la serrure en se rappelant les enseignements de Firouzeh et la démarra. Il sourit à l'avance en imaginant la tête d'Ali quand il arriverait au volant de la voiture.

Reno était stupéfait. Le grand maigre avait repéré la voiture de Mike pendant la filature, ce qui confirmait l'incompétence du gros, il l'avait retrouvée et voilà qu'il l'avait dérobée en moins d'une minute. Ce n'était pas dans les attributs habituels d'un danseur. Il semblait reprendre la route de l'hôtel. Nader était arrêté à un feu rouge quand deux hommes firent irruption dans la voiture.

— Tu roules tout droit et surtout tu ne joues pas au héros, dit l'un d'eux en anglais avec un accent russe.

— Mais je suis très pressé, dit Nader.

— Ça tombe bien, nous aussi, on va faire un petit bout de route ensemble et tout va bien se passer. Tais-toi, roule et prends la prochaine à droite, dit l'homme en lui montrant son arme.

Reno savait maintenant qu'il avait raison, il avait à peine été surpris de voir les deux hommes monter.

— Je ne sais pas où vous allez, en revanche vous êtes suivis, dit Nader. Il y a une Chevrolet grise immatriculée dans l'État de Washington qui nous suit, enfin surtout vous.

— Dès qu'on peut, tu t'arrêtes, je prends le volant et je le sème, dit le Russe.

— Je peux le faire, j'ai un peu étudié le plan de Chicago, les rues présentent certaines particularités qui devraient m'y aider. D'ailleurs saviez-vous que la spécificité architecturale de Chicago vient de...

— Écoute, on n'a pas trop le temps pour l'histoire de la ville, dit le Russe.

— Justement c'est aussi un de mes hobbies, enfin hobby c'est même ce qu'on pourrait appeler mon gagne-pain, une maigre pitance, puisque...

— On parlera de tes hobbies plus tard, débarrasse-nous de lui.

— Aucun problème, dit Nader en appuyant sur l'accélérateur et en tournant brusquement à droite.

Reno parvint de justesse à le suivre.

— Il va devoir accélérer pour nous rattraper mais s'il va trop vite, il est sûr de se faire repérer, il va laisser une distance dont il faudra profiter pour tromper sa vigilance, dit Nader en accélérant progressivement. En revanche, j'apprécierais que vous cessiez de pointer vos armes sur moi, ça réduit la fluidité de ma conduite.

Ils baissèrent légèrement leur arme. Nader profita d'une intersection pour tourner à droite une nouvelle fois quelques secondes avant que Reno le voie. Il accéléra à fond et freina d'un coup pour s'engouffrer sur le parking d'un restaurant. Il arrêta le moteur.

— Baissez-vous, dit-il en s'enfonçant dans son siège, tout de suite !

Reno tourna aussi vite qu'il le put, mais la voiture de Mike avait disparu. Il ralentit dans les rues adjacentes sans la retrouver.

— Comment tu sais qu'il ne va pas s'arrêter et venir nous chercher sur le parking ? demanda le Russe.

— Il va revenir mais sûrement un peu trop tard, c'est difficile pour quelqu'un qui te suit de s'arrêter s'il n'est pas sûr de t'avoir vu te cacher. Le réflexe est de continuer. Une fois qu'il sera certain de nous avoir perdus, il va revenir. On aura quelques minutes pour repartir. Si vous permettez, je suis pressé, je vais retourner à mon hôtel, j'ai été ravi de vous rencontrer mais il faut que je vous laisse. Vous pouvez, bien sûr, garder le véhicule.

— Tu ne discutes pas et tu viens avec nous.

Reno avait perdu la voiture de Mike. Ces mecs étaient très bons. Il aurait bien voulu alerter sa hiérarchie mais il n'aimait pas montrer ses échecs. Il les appellerait quand il aurait une piste. Il n'avait aucune idée de ce qui avait pu se passer. Pourquoi le grand avait dérobé la voiture de Mike ? Qui étaient les individus armés ? Se connaissaient-ils ? Trop de questions sans réponse, ça ferait tache sur son dossier. Il devait en apprendre plus avant de prévenir Pamela.

Pendant ce temps, Parviz et Ali attendaient le retour de Nader pour descendre dans la salle de réunion. Comme il tardait, Parviz devenait nerveux.

— Tu l'as vexé, Ali, il doit être en colère, il s'est mis à marcher dans la ville en perdant toute notion de temps.

— Parviz, je ne suis pas digne d'être la poussière sous ses pieds, je ne voulais pas le vexer mais tu sais comme il est paranoïaque, il s'alarme pour un rien.

— Oui, c'est vrai mais tu le connais, il faut le ménager. Il est très sensible. Il a très mal vécu la dissolution de notre unité, nous étions un peu comme une famille pour lui, ça lui donnait une forme d'équilibre affectif. Depuis dix ans, il est tout le temps stressé, sa mère m'appelle souvent pour m'en parler.

— Je suis désolé, tu as raison, Parviz, il ne doit pas être loin, on n'a qu'à aller le chercher.

— Mais on a la répétition

— On passe voir dans le lobby s'il est revenu, sinon il doit être dans le coin. Au pire, on sera un peu en retard.

Le bain et la vodka-Red Bull avaient fait le plus grand bien à Firouzeh. Ses muscles étaient complètement relâchés, elle se sentait en pleine forme. Elle n'avait plus qu'à descendre pour remettre son équipe au travail. Elle ne trouva qu'Ali et Parviz dans la salle de réunion.

— On va se faire défoncer, murmura Parviz.

— Laisse-moi faire, susurra Ali. Firouzeh, tu as l'air bien reposée, on va pouvoir attaquer.

— Attaquer quoi ? Je ne sais pas si vous avez remarqué, mais Nader n'est pas là.

— Non, non, il n'est pas là, il va sûrement arriver mais on peut commencer, dit Ali esquissant un tour sur lui-même.

— Vous êtes trois à passer l'audition. Plutôt que faire des pirouettes comme si j'étais votre tante, vous allez me le chercher et me le ramener, qu'on puisse enfin commencer. Déjà hier, on n'a pas pu répéter, ça va devenir critique.

— *Dar khedmat* – nous sommes tes serviteurs. Ali, viens, on va chercher Nader, intervint Parviz qui retrouvait la Firouzeh d'antan et savait qu'il ne fallait surtout pas chercher à discuter.

— Je vais descendre grignoter un morceau, récupérez-moi au restaurant quand vous revenez.

Parviz entraîna Ali avant qu'il n'ait le temps d'argumenter.

Mike dégustait un délicieux cheesecake vanille quand il vit le gros et le moustachu se précipiter dehors en courant. Il allait se lever pour les suivre quand il les vit se séparer. Le mieux, pensa-t-il en léchant sa cuiller, était d'attendre qu'ils reviennent au cas où quelque chose se passerait à l'hôtel et de surveiller Firouzeh qui venait de s'installer au fond du restaurant.

Firouzeh comptait sur cette répétition pour vraiment commencer la mission. Ce n'était pas admissible que Nader, le plus sérieux des trois, soit en retard. Ils avaient pas mal changé en dix ans.

Elle avait commandé une salade. L'effet du Red Bull passait. Ce décalage horaire était une horreur.

— Vous pouvez m'amener un Red Bull avec la salade ? demanda-t-elle au serveur qui venait de la servir

— Bien sûr, madame. Ça sera tout ?

— Rajoutez un peu de vodka, ça me fera du bien.

— Bien entendu, dit le serveur en fixant son leggin noir et son tee-shirt blanc moulants.

Firouzeh laissait divaguer ses pensées ; le régime, la contestation... tout cela lui paraissait si loin. Autour d'elle, tout le monde avait l'air détendu, alors qu'à des milliers de kilomètres se jouait le destin de son pays. Elle devait se montrer à la hauteur des enjeux, le succès de la mission reposait sur ses épaules...

Le serveur lui apporta sa vodka-Red Bull, elle pensa que c'était vraiment dommage que ce genre de boissons soient interdites en Iran.

Don't let it get you down

Parviz et Ali se retrouvèrent quarante-cinq minutes plus tard devant l'entrée de l'hôtel, à bout de souffle et en nage.

— Ali Jan, aucune trace de Nader, je suis très inquiet, je suis même retourné dans la chambre et la salle de réunion. Nader n'est jamais en retard, tu as vu quelque chose ?

— Non, Parviz Jan, je n'ai rien vu.

— Tout est fichu sans Nader. Ali, tu n'aurais pas dû le provoquer comme ça.

— Je sais, je ne suis qu'un être sans valeur. Je ne mérite pas d'être votre ami.

— Ne dis pas ça.

— Si, j'ai tout gâché, et dire qu'on était la dernière chance !

— Mais non, ne t'inquiète pas, le régime a toujours des solutions pour s'en sortir.

— J'ai tout gâché, notre pays va être renversé, une guerre civile va éclater, ça sera un bain de sang, des millions de morts, une invasion américaine, l'asservissement de notre peuple pour les siècles à venir, et tout ça à cause de moi. Parce que je ne peux pas tenir ma langue. Tu sais, sans Nader, nous ne sommes rien.

— Oui, on a besoin de lui, mais pour le reste tu ne vas pas un peu trop loin ?

— Mais non, Parviz, je suis la honte de notre pays, j'ai trahi plus de deux mille ans de civilisation et tout ça parce que je suis un être petit et misérable.

— C'est vrai que tu es petit mais ressaisis-toi, ça suffit de te plaindre. Pense à Michael, nous devons être Michael.

— Comment veux-tu que je réussisse une chorégraphie alors que l'Iran est en passe de sombrer dans un abîme de souffrance et que…

— *Khafeh shoh* – étouffe-toi –, pense à la façon dont Michael a remonté la pente. Regarde dans quel état il est après avoir été traité plus bas que terre. Après avoir plongé, il revient tel un aigle. Et nous, avec ou sans Nader, on doit aller au bout de cette mission.

— Ok, qu'est-ce qu'on fait maintenant ?

— Il faut prévenir Firouzeh.

— Très bonne idée, je te laisse y aller, je me sens très fatigué, tu sais cette histoire de chute de la civilisation iranienne m'a épuisé, dit Ali.

— Non, Ali, vas-y, toi, après tout c'est un peu à cause de toi si on en est là.

— Un peu mais pas complètement et puis c'est toi notre leader.

— Mais non, c'est Firouzeh. Je pense que tu es la personne la plus à même de lui parler, elle t'écoute vraiment.

— Elle n'écoute personne, tu sais à quel point elle peut être stricte.

— Écoute, bon, allons-y ensemble, ça sera plus simple, même si c'est plus de ta faute, tenta Parviz.

— Allez, comme Michael ! dit Ali pour se donner du courage.

Firouzeh commençait à s'impatienter. Le serveur était très sympathique et lui avait offert un autre verre. Apparemment, quelque chose d'un peu plus doux avec une pointe de vodka. Elle lui avait expliqué ses problèmes musculaires, il avait l'air de s'y connaître.

Quand elle vit Parviz et Ali s'approcher, elle fut prise de panique et avala son cocktail d'un coup. Elle ne voulait pas donner une mauvaise image, même si elle avait reçu carte blanche.

— Alors, où est Nader ? On peut se mettre au travail ?

— Euh oui, on a cherché en quadrillant tout le quartier et on pense que Nader... n'est-ce pas, Parviz ?

— Oui, tout à fait, Nader.

— C'est ça, Nader, répéta Ali.

— Nader ? demanda Firouzeh.

— Oui, c'est bien lui, le grand, un peu stressé.

— Mais je sais qui est Nader, je veux savoir où il est, s'énerva Firouzeh.

— Ah oui, c'est très important, dit Ali.

— Vous ne l'avez pas retrouvé ?

— Oui, c'est presque ça, disons que nous ne l'avons pas localisé exactement mais il doit être quelque part, reprit Ali hésitant.

— Oui, dit Parviz, il doit être à cet endroit.

— Vous vous moquez de moi, dit Firouzeh en se levant. Vous allez immédiatement le chercher ! Même si vous devez faire chaque rue de Chicago et retourner chaque poubelle, vous me le ramenez !

— Je ne pense pas qu'il soit dans une poubelle, dit Ali, ce n'est pas son genre.

— Mais je rêve ! Allez le chercher !

— Bien, dit Parviz, Ali, viens, on va prendre la voiture et on pourra pousser un peu plus loin le périmètre de recherche.

Firouzeh se rassit désemparée. À peine quarante-huit heures que la mission avait commencé, et elle avait perdu Nader.

— Vous allez bien ? demanda le serveur en s'approchant d'elle, vous êtes toute pâle.

— Pas trop, non…

— Je sais ce qu'il vous faut, dit le serveur qui avait bien l'intention d'amadouer la belle brune, un instant, je reviens.

Il revint quelques minutes plus tard en posant un verre de Tequila devant Firouzeh :

— Cadeau de la maison !

Firouzeh hésita puis se rappela la phrase d'Amir : « Se fondre dans la masse. »

Attablé au restaurant, Mike avait vu les deux types revenir en nage. Il avait bien fait de ne pas les suivre. Il ne se sentait pas capable de courir à cette heure-ci. Ses jambes étaient lourdes d'avoir conduit toute la journée. La fille avait eu l'air très affectée par leur discussion. Le serveur la draguait ouvertement. Il le comprenait, elle était plutôt mignonne. Pas le même genre que Pamela qu'il faudrait revoir absolument dès que cette mission grotesque serait réglée. Il devait trouver un moyen de se débarrasser de Reno pour traiter directement avec elle.

Quand il vit les deux types ressortir, il se dit que, cette fois, il fallait les suivre, leurs allers-retours devenaient suspects. Comme ça, il aurait peut-être des choses à raconter à Pamela.

Ali et Parviz attendaient le voiturier. Mike partit chercher sa voiture. Arrivé au bout de la rue, il fut surpris de ne pas la trouver. Il avait dû être distrait en la garant. Il repartit en arrière, mais pas de voiture, ce n'était pas possible, il devait être très fatigué.

Il vit Ali et Parviz passer tranquillement à bord de la Mercedes rouge.

Il parcourut plusieurs fois la rue, mais aucune trace de sa voiture. Il ne pouvait pas les suivre à pied. Il devait trouver une solution pour le lendemain. C'était ridicule de prévenir la police et il n'avait pas les moyens d'en louer une avec ce que le divorce allait lui coûter. S'il prévenait ses supérieurs, il allait être la risée du service. Il décida que le mieux était de retourner à l'hôtel et de récupérer une voiture grâce à sa plaque du FBI, ça impressionnait toujours. Il s'occuperait de sa voiture plus tard.

Reno, qui avait fait plusieurs fois le tour du quartier, dut se résoudre à revenir à l'hôtel. Le grand maigre avait été plus fort. Il retourna dans le lobby et prit un journal et un café noir serré en se plaçant stratégiquement à côté de l'entrée. Le gros Mike n'était plus là ; il devait chercher sa voiture, cet abruti. C'était bien de le laisser patauger. La fille était au restaurant en train de parler avec le serveur.

— Ça n'a toujours pas l'air d'aller… tenta Steven.

— Pas trop…

— Pourtant la Tequila guérit tout !

— Oui, mais là…

— Si je peux aider…

— Je ne pense pas, un de mes danseurs a disparu.

— Comment ça ?

— On devait se voir pour répéter une chorégraphie et il a disparu.

— Ah, tu es danseuse ?

— Oui, on prépare un spectacle.

— Et lui danse ?

— Oui.

— Il doit être au MBChicago.

— C'est quoi ?

— Une boîte club avec des danseurs professionnels, un des endroits les plus branchés de la ville.

— Vraiment ?

— Oui, tout le monde y va, une vraie curiosité locale.

— Quoi ? Une quoi ?

— Curiosité locale ; de la bonne musique, des gens sympas, de bons cocktails.

— C'est où ? Il faut que j'y aille absolument.

— Je finis dans une demi-heure, je t'emmène, si tu veux.

— Je serais honteuse si tu m'emmènes, dit-elle en entrevoyant la possibilité de retrouver Nader, de reprendre la mission en main.

— Je n'en demande pas tant, dit Steven d'un air malicieux.

Stranger in Moscow

Nader venait de s'arrêter à un feu rouge. Il sentait que c'était le bon moment de convaincre les deux Russes de le laisser partir.

— Écoutez, je suis très pressé, et comme vous avez jeté mon téléphone par la fenêtre, je ne peux prévenir mes amis qui m'attendent pour répéter une chorégraphie. Il serait temps, je crois, que nos chemins se séparent en toute amitié. En revanche, je ne comprends toujours pas pourquoi vous m'avez kidnappé, je ne représente aucun intérêt, je ne suis qu'un simple danseur et la voiture que vous avez choisie est un modèle peu demandé. J'ai un peu étudié la sociologie du crime et dois avouer que les ressorts de votre acte me restent mystérieux. Quant à me ravir alors que vous étiez déjà repérés, ce n'est vraiment pas idéal. La plupart des échecs dans les opérations tiennent à un défaut de vision et d'anticipation. Par exemple, il est primordial de calculer le rapport risque/profit ; 80 % des vols ne rapportent pas plus de 100 dollars, à ce prix-là, autant travailler dans un restaurant. Je vois, vous avez l'air étonnés et pourtant une étude très sérieuse d'un chercheur de l'université de Chicago s'est penchée sur cette question, je vous en recommande la lecture. J'imagine que vous avez apprécié mes explications et serais ravi de poursuivre cette conversation quand j'aurai expédié les affaires qui m'occupent.

— Bon, Igor, le boss s'impatiente, dit le premier au second en russe.

— Je n'ai vraiment pas le temps d'aller voir votre boss, dit Nader en russe.

— *Ti gavarich pa ruski* – tu parles russe ?

— *Kaniechna* – bien sûr ! répondit Nader en russe, mais je n'ai vraiment pas le temps.

— Je crois que tu n'as pas bien compris, dit Igor en levant son arme.

Un quart d'heure plus tard, Nader était poussé par les deux Russes dans le fond d'un club de strip-tease. Un homme athlétique jouait contre lui-même sur un échiquier. Nader reconnut la partie du siècle entre Bobby Fischer et Donald Byrn.

— Onzième coup, Fisher aurait dû jouer SE2, dit Nader.

— Mes hommes m'ont dit que tu étais danseur, j'ignorais que tu jouais aussi aux échecs, dit l'homme en levant les yeux sur lui. Je suis Youri, ravi de te rencontrer.

— Tout l'honneur est pour moi. Je suis Nader. Si les noirs jouent FE5, les blancs sont mat dans trois coups, poursuivit Nader.

— FE5 ne me paraît pas une bonne option.

— Je jouerais le cavalier en C5, dit Nader en s'asseyant devant l'échiquier.

— Patron... intervint l'un des gardes du corps.

— Laisse, dit l'homme en avançant sa tour.

— Excellent mouvement, dit Nader en reculant son fou de deux cases, je pense que la position des noirs est beaucoup trop forte.

Quelques mouvements plus tard, les deux joueurs se résolurent à un match nul.

— Tu sais décidément jouer aux échecs, dit Youri.

— J'ai quelques notions mais je voudrais vraiment retrouver mes amis à l'hôtel.

— Tu vas me faire l'honneur d'une autre partie.

— J'aimerais vraiment mais je suis attendu.

— Les échecs n'attendent pas, dit l'homme en remettant les pions en place.

— C'est vrai que je n'ai pas souvent l'occasion de me mesurer à des gens de ton talent, je suis plutôt entouré d'amateurs de backgammon, un ridicule jeu de hasard, dit Nader en avançant le pion E4 de deux cases, voyant qu'il n'avait pas d'autres choix pour l'instant.

Après deux mouvements, la lumière commença à se tamiser, deux filles peu vêtues apparurent sur l'estrade. Elles se dandinaient au rythme de la musique. Les yeux de Nader passaient de l'échiquier aux deux filles, mais sa concentration ne semblait pas décliner, au grand désespoir de son interlocuteur qui espérait beaucoup de leur arrivée.

Après une ouverture classique maîtrisée par les deux joueurs, Nader prit un avantage évident dans le mid-game.

— Tu n'as jamais pensé au circuit professionnel ?

— C'est très gentil, dit Nader, mais non, tu sais, je ne suis qu'un amateur et me consacre presque entièrement à ma passion pour la danse et la chorégraphie ; d'ailleurs, si je puis me permettre, ces talons très hauts que portent les filles sur l'estrade peuvent occasionner des entorses, voire des fractures et donc des arrêts du spectacle. Je pourrais préconiser des mocassins comme celui-ci, dit-il en retirant le sien et en le tendant à son adversaire tout en initiant une attaque avec sa reine.

— Tu vas pouvoir leur dire toi-même, puisqu'on m'a dit que tu parlais russe, dit-il en faisant un signe à un des molosses et en répondant à l'attaque de Nader.

Dès la fin de leur numéro, les danseuses, uniquement vêtues de leur string, vinrent encadrer Nader de très près.

— Mesdemoiselles, je voulais tout d'abord vous féliciter pour votre numéro, dit Nader en russe. En revanche, j'émets les plus grandes réserves sur les tenues qu'on pourrait qualifier de minimalistes, je pourrais suggérer chemise blanche, blouson rouge ou noir, pantalon noir et des mocassins tels que celui-ci, dit-il en se déchaussant de nouveau.

Les deux danseuses russes le regardèrent éberluées. Il en profita pour renforcer son ascendant avec sa reine. Youri, sentant sa position fragile, fit un signe aux filles de se serrer encore plus contre Nader. Celui-ci n'avait pas l'air d'être troublé par les poitrines opulentes et continuait à attaquer la défense de Youri.

— Vous voyez, Mesdemoiselles, vous avez froid et hop le réflexe de venir chercher un peu de chaleur humaine en vous serrant contre moi. Ne pas vous habiller après un effort augmente les risques. Tenez, prenez ma veste, dit-il en la retirant pour la donner à celle de droite.

— Youri, donne-moi ta veste, s'il te plaît, tu vois bien qu'elles ont froid. Attends, je vais t'aider, dit-il en enjambant la table pour lui retirer sa veste en même temps qu'il parlait.

Youri s'exécuta machinalement et regarda, médusé, Nader mettre sa veste sur les épaules de la deuxième danseuse et se tourner vers les deux gorilles qui l'avaient kidnappé.

— Vous deux, ne restez pas là à rien faire, allez chercher deux thés chauds avec un peu de miel et une pointe de citron pour que les filles puissent se réchauffer. Sauf erreur de ma part et sans vouloir paraître ingrat devant ta superbe hospitalité, dans quatre coups tu es mat, dit-il en avançant son fou d'une case.

Youri regardait ce grand maigre aux allures de rocker qui parlait russe et jouait comme un grand-maître.

— Attends, attends, tu m'as un peu déconcentré. On va en refaire une. Et vous deux, ne restez pas là, allez chercher les thés. Vous voyez bien qu'elles vont prendre froid.

Une heure plus tard, Nader avait encore remporté facilement une partie, les filles s'étaient réchauffées à grands coups de thé et Youri était défait.

— C'était un plaisir de jouer avec toi, dit Nader en russe, pensant amadouer son interlocuteur en parlant sa langue, mais j'ai vraiment besoin de rentrer à mon hôtel.

— Ça ne va pas être possible, dit Youri en repassant à l'anglais.

— Comment ça ? Mais si, je connais très bien l'adresse, je pense qu'on peut appeler un taxi qui me déposera, au pire je peux marcher.

— Non, je crains d'avoir besoin de toi.

— Mes amis aussi, nous avons une chorégraphie importante à réaliser ensemble.

— Écoute, tu me bats sans grande difficulté aux échecs alors que j'ai un niveau de grand-maître, tu parles russe, je pourrais penser que tu es un espion mais ils ne prendraient pas un type aussi fêlé que toi pour s'approcher de moi... Tu te soucies de la santé de mes strippers, tu...

— Artisanes du mouvement, l'interrompit Nader.

— Comment ?

— Oui stripper, c'est un peu réducteur, je dirais artisanes du mouvement. En effet, nous, danseurs, ne sommes que de petits artisans qui remplissons le vide du passage intermittent de nos corps comme pour lutter contre une angoisse venue du plus profond de notre humanité.

— Ah bon, je fais ça, moi ? dit la fille à sa droite. Tu savais, Taniouchka, qu'on faisait un truc aussi incroyable ?

— Ça suffit, ces conneries, dit Youri en changeant de ton, si ça continue comme ça, je vais rendre tout le monde intermittent. Vous, les filles, vous dégagez et merci de me rendre ma veste. Toi, le danseur expert en échecs, tu vas venir avec moi à Las Vegas demain et tu vas me représenter à notre tournoi d'échecs.

— Sans vouloir t'offenser, j'ai mieux à faire que de jouer aux échecs, dit Nader.

— Je n'ai pas dit que tu avais le choix, dit Youri en posant un magnum à côté de l'échiquier.

Burn this disco out

Firouzeh avait retrouvé Steven à la sortie de l'hôtel. Elle espérait que Nader était dans ce club. Elle pourrait montrer son efficacité à Parviz et Ali, préciser les choses avec Nader qui semblait un peu dans la lune et se mettre à fond dans cette mission.

Ils prirent un taxi, elle se sentait à l'aise avec Steven. Il avait été très sympathique et serviable. Elle avait du mal à comprendre pourquoi on les prévenait tant contre les Américains, ils n'avaient pas l'air terribles et, surtout, ne semblaient pas du tout se préoccuper de politique. D'après ce qu'elle voyait, Steven était beaucoup plus intéressé par son décolleté que par le régime iranien ou la situation du Moyen-Orient qu'il aurait probablement eu du mal à situer sur une carte.

Après une quinzaine de minutes, ils arrivèrent devant une longue queue entourant un hangar.

— On ne va jamais réussir à rentrer, dit Firouzeh.

— T'inquiète pas, dans la restauration on se connaît tous, mais vu le monde, surtout ne me perds pas, dit-il en prenant sa main.

Il fendit la queue en entraînant Firouzeh. Les deux videurs le saluèrent et les firent entrer dans un vestiaire. Steven la débarrassa de sa veste et lui ouvrit la porte.

La puissance de la musique la submergea. Elle ressentit une impression aussi forte que pendant la grande prière à la mosquée Soltani de Téhéran avec quelques différences touchant au décorum.

Une marée humaine bougeait au rythme de la musique électro. Au milieu, sur une scène, un groupe de danseurs exécutait une chorégraphie dont la justesse la frappa. Elle savait les entraînements nécessaires pour parvenir à un tel niveau. Il faut absolument mettre les trois garçons au travail, se dit-elle. Steven lui tenait toujours la main.

— Je dois retrouver mon ami mais y a beaucoup trop de monde, dit Firouzeh.

— T'inquiète pas, on va aller voir le service de la sécurité, on le trouvera grâce aux caméras.

— Super, je ne sais pas comment te remercier, cet endroit est incroyable.

— Oui, c'est l'endroit le plus branché de Chicago en ce moment.

— Mais la musique est un peu forte.

— Le but est de faire exploser les tympans.

— C'est plutôt ma tête qui est en train d'exploser.

— Pas de problème, j'ai un truc pour ça, dit Steven en lui tendant des pilules jaunes.

— T'es sûr que ça marche pour le mal de tête ?

— Bien sûr, ça fait tout passer, tu verras c'est magique. Prends-en une et garde les autres pour une prochaine fois.

— Merci, dit-elle en l'avalant.

Ali et Parviz étaient épuisés par leurs recherches. Il était deux heures du matin. Aucune trace de Nader.

— Parviz, tout est de ma faute.

— Mais non, Ali, arrête de culpabiliser, tu n'es pas responsable.

— Mais si, je me suis moqué de lui dans la voiture, il a dû se vexer.

— Il est sensible mais il n'est pas du genre à se défiler. Tu connais sa valeur et son efficacité, il est le plus redoutable de nous tous.

— Oui, mais sa disparition n'a aucun sens.

— Ali, il a dû trouver des curiosités locales à visiter...

— Quelle curiosité locale peut être ouverte à cette heure-ci ? Il a dû se perdre.

— C'est impossible, c'est un très bon guide, il avait l'air de connaître le plan de Chicago sur le bout des doigts.

— Un bon guide ? Ça va pas, non ! C'est un très grand guide, peut-être le plus grand, le plus précis de tous, attention à ce que tu dis.

— Tu as raison, il ne peut pas s'être perdu. Il lui est peut-être arrivé quelque chose.

— C'est possible, si on était suivis, il a peut-être été arrêté.

— Impossible, ils nous auraient arrêtés aussi. Je pense qu'il doit mener une enquête de son côté pour revenir avec des informations de première main. Nous devons avoir confiance en lui. Il est tard, nous avons cherché partout et ça ne sert à rien d'être fatigués demain. Nous avons beaucoup de choses à faire. Je pense qu'il faut qu'on aille se reposer.

— Non, je ne laisserai jamais tomber, Nader.

— Mais nous ne le laissons pas tomber, nous reprenons des forces et tu m'as dit que tu avais confiance en lui.

— Oui, j'ai confiance mais on doit tout faire pour le trouver.

— Je pense qu'il faut vraiment se reposer maintenant. Ali, pense à ce que ferait Michael, il prendrait des forces, il ne se jetterait pas tête baissée. Regarde ce qu'il dit dans *Keep the faith* :

"So keep the faith, ow
Don't let nobody take you down, brother
Just keep your eyes on the prize."

— Tu as peut-être raison, reposons-nous quelques heures et on y verra plus clair.

Firouzeh tenait la main de Steven qui fendait la foule en l'entraînant. Le mal de tête avait fait place à un immense bien-être. Tous ses sens étaient en éveil.

Elle percevait les tremblements du sol sous les pas des danseurs, la moiteur qui commençait à se former sur son visage, le goût du sel sur ses lèvres.

Elle sentait ses jambes flotter. Elle avait l'impression de marcher au-dessus du sol.

Elle n'entendait pas la musique. Elle était la musique. Chaque vibration des basses résonnait en elle.

Elle n'avait jamais connu un sentiment de plénitude aussi absolu. Elle avait l'impression de ressentir chaque fibre de son corps. Chaque danseur qui la frôlait la traversait. La chaleur de la main de Steven se répandait en elle.

La musique envahissait son cerveau. Elle savait qu'elle était là pour quelque chose d'important mais elle n'arrivait pas à savoir quoi.

Tout n'était que sensation. Les lumières et le son ne faisaient qu'un. Les danseurs formaient un corps unique. Chacun d'entre eux était une cellule reliée aux autres par le rythme qui agissait comme un influx nerveux.

— Ça va mieux ta tête ? demanda Steven.

— La tête ? C'est dingue ton truc, je ne sens plus rien et je ressens tout en même temps, c'est absolument, absolument…

— Oui, je sais, dit-il en serrant encore plus fort sa main. On va essayer de trouver ton ami, suis-moi.

— Quel ami ?

— Tu sais, celui qui danse.

— Oui, tu as raison, dansons.

— Mais…

— Oui, dansons, dansons.

Steven l'entraîna au milieu de la foule. Il la serra fort dans ses bras en bougeant au rythme effréné de la musique.

Gone too soon

Firouzeh se redressa brutalement dans le lit.

— Nader ! Nader ! hurla-t-elle.

— Non, moi c'est Steven, grommela un homme allongé à ses côtés, elle l'avait vu quelque part mais où ?...

Elle se rendit compte qu'elle était nue et très fatiguée. Elle n'avait qu'une envie, reposer sa tête sur l'oreiller et fermer les yeux. Petit à petit, des fragments des derniers jours revenaient : les trois garçons, la mission, la Mercedes rouge, Nader qui avait disparu... tout se mélangeait...

Elle sentit qu'il fallait retourner à son hôtel. Les garçons devaient déjà l'attendre. Elle se leva avec difficulté et ramassa ses vêtements éparpillés dans l'appartement.

— Tu vas où ?

— Il faut vraiment que j'y aille, on est loin de l'hôtel ?

— Non, tout près, on a à peine dormi. T'es sûre que tu ne veux pas te reposer un peu ?

— Non, faut vraiment que j'y aille, dit Firouzeh en passant ses vêtements froissés.

— Je comprends, je te commande un taxi, c'était une super soirée, t'avais pas l'air comme ça au restaurant mais t'es une vraie tigresse, dit Steven en pianotant sur son portable.

— Je préférerais que ça reste entre nous, ces histoires de tigres…

— Je suis une tombe, ton taxi est en bas. Encore merci, si tu repasses à Chicago tu sais où me trouver.

— Merci pour tout, Savon, tu es très gentil, que ta main ne te fasse pas mal

— Moi c'est Steven, non ça va ma main.

Reno était retourné dans sa voiture pour continuer sa surveillance. Il avait une technique pour ne pas s'endormir ; il s'entaillait légèrement le dos de la main et se versait du sel sur la coupure. Le picotement le tenait éveillé. Ainsi, sa main portait le souvenir de ses filatures. Il ne comprenait pas comment un amateur avait pu semer un fin limier comme lui. Il serait la risée du service. Les deux autres étaient revenus tard dans la nuit après avoir déambulé dans

Chicago. Le gros Mike était revenu bredouille, c'était sa seule satisfaction. Imaginer la tête de ce gros lard quand il s'était rendu compte qu'il n'avait plus de voiture.

Le jour venait de se lever, ça allait être une journée chaude. Un taxi s'arrêta et, après un long moment, il vit Firouzeh en sortir. Elle semblait épuisée.

Elle regagna sa chambre et se précipita sous la douche. Elle se sentait déjà mieux. Elle se coucha mais le silence était difficile à supporter. Elle se sentait encore flotter. Elle mit une chanson d'Homayoun Shajarian. Elle ferma les yeux.

La musique iranienne lui rappela le *singuec* – pain incrusté de petits cailloux chauds qu'elle allait chercher avec ses parents –, ses premiers pas de gymnaste, son recrutement par la VEVAK... C'était tellement loin de ce dont elle rêvait enfant ; créer de la beauté avec son corps. Elle ressentit le paradoxe d'être une danseuse dans un uniforme étriqué.

Elle respira profondément en se concentrant sur la musique. La chaleur de la voix d'Homayoun finit par l'endormir. Elle se réveilla à peine une heure plus tard, épuisée mais sereine.

Mike avait bien dormi dans son lit king size. Il savait qu'il devait être d'attaque, rien ne sert de partir sans prendre des forces, s'était-il dit en rejoignant le restaurant. Il avait attaqué le buffet dès l'ouverture. Les petits déjeuners d'hôtel étaient tellement meilleurs que ceux de sa femme. Après avoir englouti une omelette et des saucisses, il s'apprêtait à attaquer le sucré quand il vit Firouzeh entrer. Elle se dirigea vers les boissons et versa autant de café sur la table que dans sa tasse.

Parviz et Ali entrèrent au même moment. Tous les deux impeccables, Parviz dans une chemise rouge très ajustée, Ali vêtu d'un débardeur blanc. Mike était impressionné par sa moustache gominée remontant sur ses joues.

Parviz, après avoir construit une pyramide de viennoiseries sur son assiette, se dirigeait vers le stand des omelettes quand il aperçut Firouzeh assise au fond de la salle.

— Viens Ali, elle est déjà là, on a trop dormi...

Firouzeh renversa sa tasse sur sa jupe quand Parviz s'approcha d'elle. Elle était encore somnolente.

— Bonjour, Firouzeh, comment vas-tu ? dit Parviz en s'empressant de poser son assiette pour l'aider à nettoyer le café.

— Ça va, ça va, où est Nader ? dit-elle alors que Parviz frottait vigoureusement sa jupe sans qu'elle réagisse.

— On ne sait pas, dit Ali, on a cherché partout, mais aucune trace.

— Ça va, ça va, Parviz Jan, merci, dit-elle à Parviz qui allait bientôt lui arracher la peau des jambes. Il faut prendre une décision.

Parviz et Ali s'assirent en face d'elle en attendant une de ses décisions « rapides et audacieuses » qui avaient contribué à sa légende dans le service. On venait souvent la consulter quand un agent semblait s'écrouler physiquement sur le terrain.

Elle ne regardait pas vraiment les garçons, elle fixait d'un air hagard un point derrière eux. Un silence s'installa alors que ses paupières commençaient à se fermer. Elle devait vraiment réfléchir à toutes les éventualités. Parviz tenait absolument à attraper un donut aux smarties mais n'osait faire le moindre mouvement. La tête de Firouzeh commençait à s'abaisser quand Ali se racla la gorge en la faisant sursauter.

— Nader ! cria Firouzeh.

— Oui, nous aussi on est très affectés, on comprend ta peine, dit Parviz.

— Bon, il faut que je réfléchisse, dit Firouzeh d'un air posé.

— Ah, dit Ali, je croyais que c'était fait.

— Oui, pour la partie principale, bon voyons les possibilités, on n'a pas trouvé Nader, c'est sûr, ça ?

— Non pas trop, dit Parviz, en tout cas, nous non, il ne répond pas à nos appels, son téléphone semble débranché...

Firouzeh se sentit tout d'un coup très calme, étonnée de ne pas être affectée par tout ce qui leur arrivait.

— Je n'ai pas trouvé Nader non plus, j'ai été dans le club de danse le plus connu de Chicago, mais aucune trace de lui.

— Vraiment, dit Parviz, tu as passé la nuit à le chercher et tu es là ce matin avant nous au petit déjeuner. Nous ne sommes pas dignes de toi.

— Oui, oui, ma valeur, on en reparlera plus tard, il va falloir avancer, on n'a pas le temps.

— Parfait, on va répéter... dit Ali.

— Euh... dit Firouzeh qui se sentait incapable de diriger une chorégraphie, on va plutôt prendre la route tout de suite et on répétera plus tard dans la journée.

— Mais on ne peut pas abandonner Nader à son sort cruel, dans une ville qu'il ne connaît pas, délaissé par ses amis, son pays, la danse, dit Ali en se levant. Jamais, dans notre civilisation, nous n'avons laissé l'un des nôtres en arrière. Que va penser Michael de nous si on arrive sans lui ? Que va...

— *Yani Che !* – qu'est-ce que cela veut dire ! Mais il ne le connaît pas ! l'interrompit Parviz.

— Ah oui, c'est vrai, à part ce détail, je tiens au reste.

— Les garçons, on n'a plus le temps. Soit il a été arrêté et nous devons nous dépêcher parce que, s'il parle, ce sera rapidement notre tour. Soit il suit une autre piste et il faut lui faire confiance, soit... dit Firouzeh dont les idées s'embrouillaient de nouveau après tant d'efforts pour faire bonne figure.

— Soit il saura nous trouver parce qu'il a appris toutes les étapes de notre voyage par cœur, dit Ali.

— Exactement, dit Firouzeh soulagée que la conversation s'achève. Allez chercher la voiture et je vous rejoins devant l'hôtel.

Reno démarra dès que la Mercedes quitta le parking, décidé cette fois à ne pas perdre leur trace. Le grand maigre était un mystère, il avait disparu et les autres n'avaient pas l'air de l'attendre.

Mike décida d'arrêter une voiture. Une très belle Porsche arriva et un jeune assez fringant baissa la vitre. Mike lui mit la main sur l'épaule et sa plaque du FBI sous le nez.

— Agent Mike Gomes, FBI, j'ai besoin de votre voiture.

— Tu t'es cru dans un film ou quoi ? dit le jeune homme au gros dans un costard froissé qui avait des restes d'œuf dans sa moustache et arborait une plaque qui devait être fausse.

— Je vous dis que j'ai besoin de votre voiture pour une mission, dit Mike en attrapant le bras du jeune homme, n'osant pas sortir son arme devant l'hôtel.

Il n'avait pas fini de dire « mission » qu'il sentit la paume du jeune homme s'aplatir sur son visage.

— Ça suffit, le clochard, dégage ou j'appelle la police !

Mike lâcha son étreinte, surpris par la claque qu'il venait de recevoir, le conducteur en profita pour partir. Il avait peut-être vu trop grand. Plus personne ne respectait l'autorité. Il fallait qu'il se reprenne.

Il repéra une vieille dame au volant d'une Honda Civic. Il profita de son arrêt à un feu rouge et lui prodigua le même discours avec plus de succès. Il s'installa au volant de la voiture et démarra aussitôt pour rattraper les Iraniens.

Man in the mirror

L'ambiance était maussade dans la voiture. Ils pensaient tous à la disparition de Nader. Rien ne s'était passé comme prévu, ils n'avaient toujours pas répété. Sur les réseaux sociaux, la situation apparaissait de plus en plus critique en Iran. Sur Twitter, on ne parlait que de ça. La marge de manœuvre du régime devenait de plus en plus faible.

Parviz avait mis la playlist des chansons tristes de Michael. Firouzeh décida de s'allonger quelques secondes. Elle ferma les yeux... Jafar, Savon, la musique, les corps qui dansent, son corps en sueur, ses entraînements toujours plus durs en Iran, les danseurs du MBChicago... Elle s'enfonça petit à petit dans le sommeil, bercée par les tubes lents.

Mike les suivait en gardant ses distances. La Honda Civic n'était décidément pas aussi confortable que sa Ford. L'air conditionné n'avait pas l'air de marcher, il transpirait à grosses gouttes. Tout ça pour rien, il le savait. La petite avait passé la soirée à boire des coups avec le serveur. Quant aux deux autres, ils avaient dû sortir de leur côté. Il préférait avertir la CIA au sujet Nader, sinon ça allait lui retomber dessus. Plutôt que d'appeler Reno, il décida d'appeler Pamela.

— Bonjour, Pamela, c'est Mike.

— Qui ?

— Mike, tu sais.

— Mike qui ?

— Mike du FBI, la réunion chez vous, les soldats, la nation...

— Ah oui, les donuts...

— Oui, aussi... Je voulais communiquer une information importante.

— Ben, faut appeler Reno, c'est lui ton agent de liaison pour cette mission.

— Oui, oui, je sais mais je vois que j'ai la chance de tomber sur toi.

— Bah oui t'as fait mon numéro, de toute façon Reno n'est pas là. Je lui transmettrai l'information, que se passe-t-il ? Tu es à court de donuts ?

— Non ça va, j'en avais pris quelques-uns à l'hôtel, ils sont excellents, j'essaierai de t'en ramener.

Pamela fut tellement surprise par la réponse qu'elle avala son café de travers.

— Ça va ? demanda Mike, allô Pam ? Tu vas bien ?

— Oui oui, ça va. Merci mais je ne mange pas trop ce genre de trucs.

— C'est vraiment dommage, dit Mike, ils sont vraiment très bons.

— J'imagine que tu ne m'appelais pas pour me parler des donuts de l'hôtel ?

— Non, le grand maigre a disparu.

— Quoi ?

— Oui, le grand maigre, je ne sais pas où il est.

— Mais comment ça ? Tu devais les surveiller.

— Eh bien, c'est ce que j'ai fait mais ils sont quatre et moi je suis seul.

— Que s'est-il passé ?

— Écoute, la fille a passé la soirée à boire des coups puis elle est partie avec un des serveurs de l'hôtel. Le grand était sorti avant, j'ai préféré rester à l'hôtel pour surveiller les autres.

— Et manger des donuts.

— Non, c'était le soir, j'évite le sucré. J'avais pris un burger plutôt bon mais, tu sais, rien ne vaut un dîner avec la personne que tu aimes...

Pamela resta sans voix.

— Allô, tu es là, Pam ? Allô ? Ça a coupé…

— Non non je suis là, oui, et les autres ?

— Le gros et le moustachu ont fait des allers-retours. Ce matin, ils sont partis sans le grand. Je me suis dit que c'était peut-être prévu qu'il reste à Chicago.

— Merde ! Et merde ! Ils prévoient une attaque sur plusieurs sites en même temps.

— Il est aussi possible qu'il visite Chicago et voie des amis ; après tout, ce sont *a priori* des danseurs, on n'a rien sur eux de très compromettant. Tout ça me paraît du temps perdu. Demande au mec qui fait les discours comme dans les films d'action si je dois continuer. Je peux revenir, faire un rapport complet et si t'es dispo on pourrait aller parler de tout ça autour d'un drink.

— Vous êtes tous comme ça, au FBI ?

— Non je suis un des meilleurs, les autres c'est des paresseux.

— Ah, je vois. Écoute, il faut que je prévienne Reno, on va sûrement devoir déployer une équipe à Chicago pour le retrouver. C'est pas possible que tu l'aies laissé filer comme ça. Je n'en reviens pas !

— Mais j'ai laissé filer personne ! Il est parti tout seul. Je te dis qu'ils sont inoffensifs. J'ai plus de vingt ans de carrière, j'ai développé un certain flair, tu devrais me faire confiance. Je pourrais d'ailleurs te donner quelques infos sur le comportement des criminels si tu as besoin, ça pourrait t'aider.

— Oui, oui, sûrement, dit-elle en pensant à l'organisation de l'opération à monter.

— Oui, tu sais, avec tous les crimes que j'ai vus, j'ai développé une certaine capacité à plonger dans l'âme humaine. C'est un abysse sans fond, tu ne le croiras pas. Ce qu'on voit en surface n'est souvent qu'une couche de maquillage, un peu comme le nappage d'un donut. Quand tu sondes l'âme de criminels, tu n'en sors pas indemne. Tu ne sais jamais ce que tu peux trouver sous le nappage.

— Oh mon Dieu, ça a vraiment l'air incroyable, dit Pamela qui voulait raccrocher. On en reparlera, c'est passionnant ton histoire d'âme et de donuts. Je dois y aller. On te tient au courant.

— Oui, c'est assez incroyable je dis souvent… allô ? Allô ?

Elle avait raccroché. En tout cas, elle semblait très intéressée. Il savait que son expérience jouait en sa faveur. Elle devait en avoir marre de ces types musclés qui n'avaient aucune conversation.

Aussitôt qu'elle raccrocha, elle appela Reno.

— C'est quoi, ces conneries ? J'ai le gros bouffeur de donuts qui me dit que le grand a disparu. C'est vrai ou pas ? T'es au courant ? Pourquoi c'est lui qui nous prévient ?

Reno avait sous-estimé le pouvoir de nuisance de Mike. Il s'était dit qu'il n'oserait pas appeler pour les prévenir. Il fallait qu'il trouve rapidement la parade.

— Il n'a pas disparu, il est parti avec des gens...
— Ah super, s'il est parti avec des gens, ça change tout...
— Tu vois ! répondit Réno soulagé.
— Mais c'est pas possible, t'es devenu aussi abruti que l'autre ? Ça veut dire quoi ces conneries ?
— J'allais vous appeler, c'est très compliqué. Il est sorti de l'hôtel un peu après son arrivée. Je le vois tourner dans le quartier, je le suis de près. Là, il trouve la voiture de Mike qu'il dérobe sans aucune difficulté. Sur ce, deux individus entrent dans la voiture et il disparaît.

— Et tu ne les as pas suivis mais qu'est-ce qui t'arrive ? Ton entraînement ne t'a servi à rien ?

— Mais si, je les ai suivis mais c'était difficile à Chicago et je les ai perdus. Je sais, je m'en veux encore. J'allais vous appeler mais j'ai été occupé à surveiller les autres. Le gros et le moustachu, ils avaient l'air de le chercher, ce qui m'a fait penser que ce n'était pas vraiment prévu.

— Et la fille ?

— Je sais pas très bien, elle a bu des coups avant d'aller en boîte avec un serveur. S'il n'avait pas piqué la voiture en deux minutes, je ne serais pas méfiant vu le comportement des autres, mais un danseur, normalement...

— Normalement, ils n'apprennent pas ça au conservatoire... Il faut que je prévienne le boss de tout ça. Il va être fou. On va mettre une équipe à Chicago. T'imagines s'ils se séparent pour attaquer plusieurs cibles en même temps ?

— Oui, tu as raison, j'aurais dû vous prévenir ce matin mais je pensais qu'il reviendrait dans la matinée. Quand je pense à nos soldats qui se battent au péril de leur vie contre le terrorisme dans des contrées lointaines et hostiles, quand je pense à nos vétérans ayant perdu un membre dans les guerres que nous avons menées, et moi je ne suis même pas capable de suivre un mec à Chicago, je me sens tellement indigne de cet insigne. Pam, je ne sais pas quoi faire...

— Stop, j'ai assez entendu de conneries ce matin, t'es où, là ?

— Je suis Mike qui suit la Mercedes.

— Tu continues, je vais me débrouiller avec le boss, je t'en devais une pour l'autre fois, considère qu'on sera quitte, mais plus de conneries.

— Non, je promets d'être à la hauteur du service et de notre drapeau.

— C'est bon, dis-nous juste dès que t'as des nouvelles. Je te tiens au jus.

— Merci merci, je te serai à jamais redevable, tu es... Allô ? Allô ?

Pamela avait raccroché. Reno se dit qu'il devait absolument se reprendre.

Money

Nader avait eu beau insister, Youri ne voulait ni le laisser partir ni le laisser contacter ses amis, ils devaient être morts d'inquiétude. Aussitôt les parties d'échecs terminées, il avait été conduit avec Youri sur un aérodrome privé pour monter à bord de son jet. « Il a l'air de bien se débrouiller, ce garçon. »

Pendant le vol, Youri lui avait proposé un marché. Nader jouerait aux échecs pour lui et devait se montrer à hauteur de ses attentes. En échange, Youri organiserait la protection de ses amis, ils seraient ses invités.

Nader ne voyait pas d'autres possibilités que d'accepter. Il décida de méditer le reste du vol.

Une limousine les attendait à l'atterrissage à Las Vegas pour les conduire à l'hôtel dans lequel se déroulait le tournoi d'échecs annuel underground « des Russes ». Ce qui apparaissait comme un simple tournoi amateur était en fait une compétition clandestine où les meilleurs joueurs du monde jouaient pour des sommes faramineuses.

Confortablement assis à l'arrière, Youri servit un Mimosa à Nader.

— Le jus d'orange, c'est très bien pour ce qui est des apports en vitamine C ; en revanche, le champagne dès le matin n'est pas ce qu'il y a de plus conseillé, dit Nader qui avait beaucoup lu sur les effets néfastes de l'alcool mais qui ne savait pas comment refuser...

— Ça va aller, c'est un petit verre, dit Youri toujours aussi surpris par Nader. Les premières parties aujourd'hui seront assez faciles mais plus tu vas avancer, plus ça va se corser. Les enjeux sérieux, c'est demain. Attention, chaque boss ramène son champion, méfie-toi quand les parties ont l'air facile, les joueurs d'échecs de ce tournoi sont de vrais roublards. Ils feront tout pour te déconcentrer.

— Je pense que ça va aller mais il faudrait que je prévienne mes amis vraiment, ils doivent être très inquiets.

— Ils ont pris la route ce matin. Une fille, un petit moustachu et un gros dans une Mercedes rouge.

— Rétention d'eau.

— Quoi ?

— Il n'est pas gros, c'est Parviz, il fait un peu de rétention d'eau, avec le voyage c'est assez naturel. Ça devrait s'arranger rapidement. C'est dû souvent à une mauvaise circulation veineuse et lymphatique qui peut être aggravée par les effets d'une densité de l'air moins importante lors, notamment mais pas seulement, des voyages en avion. Ce qui fait, par exemple, un peu gonfler les chevilles, dit Nader en relevant le bas de son pantalon et en essayant d'incruster son pouce dans la peau de sa cheville.

— Rétention d'eau ou pas, si tu arrives au bout je ferai de toi un homme riche, j'ai rarement vu un tel talent.

— Merci, je suis ton serviteur, ce que j'ai fait pour toi n'a pas de valeur, je me sacrifierai pour toi.

— Je ne t'en demande pas tant, contente-toi de gagner les parties.

Après une trentaine de minutes, ils arrivèrent en ville. Nader regardait d'un œil distrait les hôtels et les casinos défiler par la fenêtre. Il sirotait son Mimosa en essayant d'en boire le minimum.

— Ça me rappelle un peu Massoulé, dit Nader.

— Quoi ?

— C'est un village où habite un de mes amis, les maisons sont construites en terre et s'empilent les unes sur les autres.

— Et il y a des casinos et des hôtels ?

— Non, casinos, non ; oui, il y a des hôtels, enfin, surtout un petit en bas du village. En revanche, il y a un stand sympathique où l'on peut prendre des photos après avoir revêtu une tenue traditionnelle. C'est vraiment superbe. J'espère que nous irons un jour, je te ferai visiter, tu seras magnifique avec un manteau en peau de mouton retournée et le chapeau traditionnel en poil de rat d'eau.

— Sûrement, dit Youri qui ne voulait pas contrarier son poulain.

La limousine s'arrêta devant un immense hôtel. Nader n'y prêta aucune attention. Il avait vu tellement de photos de ces villes dans les guides touristiques qu'il avait l'impression de les connaître. Il fut installé dans une superbe suite au dernier étage à côté de Youri qui fit poster deux hommes devant sa porte.

Il avait quelques heures pour se reposer avant le début du tournoi. Il essaya de passer un coup de fil sans succès à ses amis. Les lignes étaient bloquées. Il espérait qu'ils allaient bien. Il n'avait pas d'autres choix pour l'instant que de se laisser faire. On lui avait livré des vêtements propres.

Youri vint le chercher quelques heures plus tard.

— Nader, tu es prêt ? On doit y aller.

— Youri Jan, quelle joie de te voir !

— Moi c'est Youri.

— Je le sais, nous ajoutons Jan derrière le prénom pour montrer notre affection un peu comme vous avec vos « cha » et « chka » à la fin des prénoms.

— Très bien, Nader Jan.

— Tu es un être de grande valeur, Youri Jan, merci pour la chambre, c'est magnifique, je ne la mérite pas, tu me rends honteux.

— Ce n'est rien, je t'en prie, dit Youri qui prit Nader par l'épaule en se dirigeant vers l'ascenseur.

Ils traversèrent la salle principale du casino. Nader regardait, étonné, ces centaines de personnes jeter leur argent dans des machines qui ne leur rendaient pas grand-chose.

— Ils ne devraient pas faire cela, ce n'est pas un investissement rentable, dit Nader. Un simple calcul statistique montre que celui à qui appartient cet hôtel s'enrichit sur le dos de ces pauvres gens.

— C'est moi, dit Youri.

— Comment ?

— C'est moi le propriétaire de cet hôtel et de ce casino.

— Youri, ce n'est pas bien, un homme de ton talent peut sûrement trouver d'autres occupations plus en accord avec sa valeur...

— Pas aussi rentables.

— Il faudrait au moins informer les clients des risques de perdre toutes leurs économies.

— Ils ne viendraient plus.

— Justement.

— Ils iraient en face chez un concurrent.

— Youri, tu dois absolument changer. Tout cela n'est pas de ta valeur. Tu es un grand joueur d'échecs, je suis convaincu qu'il existe d'autres moyens de gagner ta vie. Regarde, parfois je suis guide touristique pour pouvoir boucler le mois. Tu pourrais faire l'équivalent à Chicago ou ici, tu as l'air de bien connaître la ville et je pense qu'il y a de nombreuses curiosités locales à découvrir.

Youri commençait à se dire qu'il avait peut-être fait une erreur en le choisissant. Nader avait l'air de ne rien comprendre au monde qui l'entourait… à moins que ce soit sa force… En tout cas, il ne fallait surtout pas le contrarier avant une partie.

— Écoute, dès que le tournoi sera fini, je me pencherai sur l'ensemble des problèmes que tu as soulevés.

— Merci ! Tu es vraiment un grand homme. N'oublie pas le problème des talons et des tenues légères que nous avons évoqué hier soir, c'est très important.

— Je n'y manquerai pas, dit Youri en poussant une porte gardée par trois hommes.

Derrière, l'ambiance était tout autre, une salle obscure, de la musique très forte. Sur la scène centrale, des filles dévêtues se contorsionnaient le long de barres en métal. Autour de la scène, des tables d'échecs dressées. Une foule de serveurs passaient avec des boissons. Youri saluait tout le monde. La fumée de cigarette était épaisse. Nader posa sur Youri un regard lourd de reproches.

— Oui, je sais, les filles ne sont pas assez habillées, le tabac est mauvais pour la santé et tout le reste. On va d'abord se concentrer sur ton jeu et je te promets que je vais m'occuper de tout cela dès demain

— Merci, dit Nader.

Youri l'installa et, après quelques minutes, son premier adversaire s'installa devant lui.

— Je compte sur toi, ne dévoile pas ton talent tout de suite, dit Youri à l'oreille de Nader.

— Je ferai de mon mieux, dit-il en avançant son pion de deux cases dans la quatrième rangée pour initier une ouverture classique.

The greatest show on earth

Ali et Parviz n'avaient pas fermé l'œil pendant le trajet mais Firouzeh dormait profondément quand la voiture s'arrêta devant l'hôtel dans la banlieue de Denver. La vue était superbe. Parviz se tourna vers Ali :

— *Jaye Nader khalieh* – la place de Nader est vide –, il aurait été si heureux de découvrir cet hôtel, il serait tombé amoureux de cet endroit.

— Il nous aurait régalés de détails croustillants, dit Ali.

— Il nous aurait donné les dimensions exactes du lobby et de la salle de restaurant, dit Parviz avec un sourire triste.

Au même moment, Firouzeh rêvait de l'audition devant Michael. De dos, il leur criait qu'il n'avait jamais vu des danseurs aussi nuls. Firouzeh avait honte, cherchant un endroit où se cacher. Quand Michael s'était retourné, Firouzeh avait découvert le visage d'Amir. À cet instant, la voiture s'arrêta et elle hurla : « Les garçons, répétition dans cinq minutes dans ma chambre ! »

— Cinq minutes, c'est un peu court, on peut se reposer un peu, peut-être ? demanda Parviz.

— Bien sûr, aucun problème, Parviz Jan, dit Firouzeh avec un rictus, je vais appeler Amir et lui dire de demander aux manifestants de s'arrêter et de se reposer aussi. Je vous donne quinze minutes, pas une de plus, pour me retrouver dans ma chambre.

En montant les escaliers, Parviz se pencha vers Ali :

— Je ne sais pas comment je vais bouger un seul muscle de mon corps, je suis mort, j'ai envie de dormir, ça fait dix heures que je conduis, on devrait peut-être lui dire de décaler.

— On ne peut pas, on n'a pas le choix, je te rappelle qu'on est la dernière chance.

— Oui, mais la dernière chance est fatiguée !

— On se repose dix minutes et on fera de notre mieux.

Firouzeh regagna sa chambre. Les heures de sommeil dans la voiture lui avaient fait du bien. Elle ouvrit le frigidaire du minibar et attrapa deux Red Bull. Elle les but d'un trait et se passa de l'eau sur la figure. Elle allait montrer aux garçons qui était la grande Firouzeh, fierté de la VEVAK.

Quelques minutes plus tard, Ali et Parviz la rejoignaient. Elle avait l'air très en forme.

— *Khasteh nabashid* – ne soyez pas fatigués –, leur dit-elle.

— Un peu, si... dit Parviz.

— Voilà comment les choses vont se passer, dit Firouzeh en ignorant la remarque de Parviz. On doit passer les auditions dans deux jours. Le soir, Michael devrait organiser un dîner avec tous ses danseurs, c'est là que nous interviendrons. J'espère qu'entre-temps Nader nous aura retrouvés. Si Nader nous rejoint, le plan initial s'applique, sinon j'ai prévu autre chose que je vous présenterai demain. En ce qui concerne l'intervention elle-même, le dîner est prévu à 18 heures...

— Tu connais le menu ? demanda Parviz.

— Bien sûr, du *rolmésabzi*, des kebabs, du riz évidemment avec du *khoreshteh bademhjan*, répondit Firouzeh en fixant Parviz.

— C'est incroyable que Michael ait, en plus de tous ses talents, compris que c'est en Iran que se trouve la meilleure cuisine du monde, j'aurais dû lui apporter un plat de ma mère.

Firouzeh regarda Parviz partagée entre l'admiration et la consternation. Parviz reprit :

— Est-ce que 18 heures ce n'est pas un peu tôt pour ces plats assez consistants, juste après une audition ? On pourrait peut-être retarder légèrement le dîner ?

— Mais, oh on se réveille ! Je n'en sais rien, ce qu'il y aura à dîner ! Ça n'a aucune importance ; ce qui nous importe, c'est la façon dont vous devrez vous approcher de lui. Il se retire toujours dans ses appartements vers 19 h 30, vous vous y introduirez et lui injecterez du Diprivan, on sait qu'il en prend tous les soirs, on simulera une overdose.

— Tu crois vraiment que... ? demanda Parviz.

— Oui, dit Ali, on pourrait déjà le séquestrer et discuter avec lui, pour mieux, enfin, comment dire...

— On a une mission et on la remplit sans se poser de questions, aussi dure soit-elle, dit Firouzeh. C'est à cela qu'on reconnaît les grands agents. Comme vous le savez, l'hésitation mène à l'échec et l'échec n'est pas permis. Vous avez été entraînés pour exécuter les ordres et j'attends de vous une efficacité digne de notre grand régime.

— Ça peut aller si on donne juste un peu moins que l'overdose, une overdose complète pourrait le tuer trop vite, tenta Ali.

— Pardon ?

— Imaginons qu'on se trompe de dose ou qu'on n'arrive pas à le piquer, il doit avoir des veines assez fragiles. Bon, il fait une quasi-overdose, ça fera quand même la une des journaux et hop notre mission est accomplie, le régime est sauvé et on va à son concert à Londres, dit Ali enthousiasmé.

— C'est très bien comme idée, j'en profiterai pour lui amener un plat de ma mère, reprit Parviz.

— Qu'est-ce qui vous arrive ? Je viens de vous expliquer ce qu'est un grand agent et vous êtes en train de délirer sur une overdose sans « over » et la cuisine de ta mère... Il va falloir vous ressaisir. Je sais que l'absence de Nader vous pèse mais ça devrait vous inciter à être encore plus performants. Je ne veux plus entendre la moindre élucubration. Vous exécutez le plan prévu. Maintenant, la chorégraphie.

Elle mit *Smooth Criminal*, elle savait que Michael l'utilisait pour les auditions. Après quelques mouvements, elle les arrêta :

— Reprenez-vous, les garçons, ça ne va pas du tout. Ali, tu es complètement décalé, et Parviz, on dirait que tu es contraint par tes vêtements, qu'est-ce qu'il t'arrive ? Tu bouges à peine, je ne vous ai rien appris ? Reprenez, un, deux, trois, quatre !

Elle les arrêta après un nouvel essai :

— Est-ce que vous vous rendez compte de ce que Michael a apporté à la danse ? J'ai l'impression que vous avez oublié. Avant Michael, la danse n'existait pas, ce n'était que mouvements non coordonnés... Puis Michael est arrivé... Il aurait pu se contenter des gesticulations fades imposées par son père au temps des Jackson five, il aurait pu simplement chanter de sa voix angélique en claquant des doigts devant un micro comme le font l'immense majorité des chanteurs pop de ces civilisations décadentes. Au lieu de ça, il a choisi de réinventer le mouvement, vous imaginez le risque ? Son travail acharné lui a permis d'insuffler la fluidité.

— Oui mais il fait un peu de break dance aussi, certains de ses mouvements sont saccadés, risqua Ali.

— Oui, mais avec Michael, même quand c'est saccadé, c'est fluide, chaque mouvement est lié au suivant ; plus encore, il lui donne naissance. Finalement, chaque chorégraphie de Michael n'est qu'un seul et unique mouvement absolu qu'il décompose pour nous, simples créatures de Dieu. Alors, après ces années de travail acharné, il est hors de question que je présente devant Michael cet amas de mouvements que vous venez de produire. Rappelez-vous que vous me représentez, moi et mon travail et tant d'années de sacrifices, vous dansez pour tout un peuple, vous dansez pour le régime de la République islamique d'Iran. Alors, messieurs, faites comme si nous étions dix ans en arrière et faites-moi quelque chose qui aurait rendu Nader fier.

Parviz et Ali, malgré leur fatigue, avaient été galvanisés par le discours de Firouzeh. Elle remit *Smooth Criminal* :

— Quatre, trois, deux, un !

Ils retrouvèrent la flamme. Les premières mesures furent superbes, Firouzeh sourit pour la première fois depuis le début de la mission. Parviz se pencha en avant, droit comme Michael, et fut emporté par son poids, traversa la pièce et tomba sur le téléviseur.

— Ça ne va pas du tout mais qu'est-ce que vous faites ? Tu imagines si tu traverses la scène comme ça devant Michael pour aller t'écraser sur la batterie ou pire, sur lui ? Vu ton gabarit, il n'a aucune chance d'en réchapper. On ne tirera rien de vous ce soir, je pense qu'il vaut mieux qu'on aille dîner et qu'on se couche tôt, on se retrouve dans une heure en bas.

Allongée dans son bain, elle pensait : « J'ai perdu Nader, Parviz n'est bon qu'à écraser des téléviseurs... » Elle imagina ce qui l'attendait si sa mission échouait : pendue à une corde au bout d'une grue entourée des corps des garçons qui se balançaient.

Elle sortit de sa torpeur en pensant qu'elle devait les rejoindre au restaurant. D'un coup, elle se dit qu'elle avait réussi à faire parler Jafar, à s'infiltrer dans le milieu de la danse de Chicago, à sonder les Américains sur leur vision politique du Moyen-Orient en repoussant toujours plus loin ses limites grâce à son entraînement intensif. Pour que cette mission soit un succès, elle devait se reprendre et redevenir la grande Firouzeh.

Speed Demon

Les parties d'échecs s'étaient enchaînées sans répit. Youri avait regardé Nader gagner. Il commençait par se mettre au niveau de son adversaire pour prendre l'avantage sur un coup décisif. Il lui restait encore une partie avant les phases finales.

— Nader, ça va devenir plus sérieux. Ne te fie pas aux tatouages d'Anton, il ressemble à un junkie sorti de détox mais c'est un des meilleurs. Il joue, il gagne, il empoche le pognon et il disparaît pendant un an, on ne le revoit qu'au tournoi d'après, on ne sait pas ce qu'il fait, peut-être qu'il se défonce, peut-être qu'il surfe… En tout cas, il est très fin, il ne laisse rien paraître de sa stratégie dans la première phase. Pendant le mid-game, il construit une base solide qui lui permet de lancer ensuite des attaques efficaces. Il est difficile d'anticiper ses coups. Là, on va entrer dans le cercle des prétendants de taille. N'oublie pas que les parties ont été regardées et qu'Anton a sûrement une idée de ton style.

— J'ai suivi tes instructions à la lettre et j'ai fait varier mon jeu autant que possible. Je reconnais que c'était des joueurs brillants mais il leur manquait l'éclair final. C'est comme un très bon thé anglais qui n'a cependant rien à voir avec le thé de Lahijan, petite ville nichée au bord de la mer Caspienne d'environ 35 750 habitants en hiver et bien plus en été, à cause évidemment de la plage toute proche. J'imagine qu'en amateur russe de thé tu connais le thé de Lahijan.

— Non, je n'ai pas eu la chance de goûter ce thé, dit Youri qui ne voyait pas où Nader voulait en venir. Il pensa qu'il ne voulait, le plus souvent, en venir nulle part.

— Ah, c'est vraiment dommage. Je pense que j'en ai pris un peu dans mes valises ; si on contactait mes amis, je pourrais sûrement t'en donner...

— Nader, je t'ai dit que je m'occupais de tes amis ; si tu parviens à te qualifier pour la phase finale, mon hospitalité sera à la hauteur de ton succès. Tu connais l'hospitalité russe...

— Effectivement, j'en ai fait l'expérience lors d'un échange entre la faculté d'histoire d'Ispahan et celle d'Omsk. Tu connais sûrement, au moins de réputation, la faculté d'histoire d'Ispahan ?

— Non.

— Ah... eh bien, j'ai habité dans la résidence universitaire d'Omsk, une de ces *obchéjitié* dont vous avez le secret. J'ai gardé de merveilleux souvenirs de votre hospitalité légendaire. Je saurai honorer la tienne. Je voudrais en revanche faire une remarque ; lors de mon séjour en Russie, j'ai été convié à de nombreuses réceptions, notamment dans des instituts d'échecs, mais je n'ai jamais vu de femmes s'enroulant nues autour de perches. La rouille est un problème majeur, j'imagine que toutes leurs vaccinations sont à jour...

— Oui, je suppose qu'elles doivent être vaccinées, vu ce qu'elles font, elles doivent être vaccinées contre tout...

— Il faut être très vigilant, on ne pense en général qu'à la rougeole, la polio ou le BCG, mais il y a beaucoup d'autres vaccins qui peuvent être utiles comme la fièvre jaune même si elle n'est pas fréquente aux États-Unis, ou une méningite qui entraîne une mort abominable avec un début de raideur dans la nuque et des vomissements, puis un état qui se dégrade rapidement avec un alitement, une perte de conscience progressive, une incontinence des urines et des selles, peu de gens s'en sortent... Tu devrais vraiment faire attention parce que ça peut laisser des séquelles terribles, et évidemment une danseuse, même nue, dans un fauteuil et incontinente n'aurait pas du tout la même liberté de mouvement ni le même effet sur les spectateurs. Sans oublier que cela te forcerait à mettre en place des installations pour handicapés.

Youri le regardait en essayant d'identifier quel type de drogues Nader prenait mais depuis quarante-huit heures, il ne l'avait vu boire que deux gorgées de Mimosa. Nader était peut-être un grand joueur, justement parce qu'il était impossible de prévoir ce qu'il allait penser. « Est-ce suffisant pour gagner la finale ? », se demanda-t-il.

— Je m'occuperai personnellement de la vaccination, de l'incontinence et de l'accès handicapé, mais maintenant la partie va commencer.

— Ça me rassure si tu t'en occupes personnellement, Youri Jan.

— Bonne chance. Tu as toute ma confiance.

Reno prenait une barre protéinée et un café serré dans sa voiture en fixant la porte de l'hôtel. Il ne pouvait se permettre un nouvel échec.

Mike avait pris une chambre dans l'hôtel. La Civic était vraiment inconfortable. Pour se détendre, il s'était fait couler un bain moussant. Il regardait ses pieds émerger de la mousse. Il s'était concocté une barbe blanche sous sa moustache. Il se demandait s'il allait tenir une journée de plus ; de toute façon, il ne pouvait pas réfléchir le ventre vide. Il devait se nourrir, boire une bière, dormir, et demain il pourrait réfléchir sereinement et surtout rappeler Pamela.

C'est avec cette pensée réconfortante qu'il se dirigea vers le restaurant de l'hôtel. À son arrivée, la fille et ses deux compères étaient déjà installés. Il les trouva un peu taciturnes. Il se mit à une bonne distance et se cacha derrière le menu.

Firouzeh avait l'air tendue et décida de faire le point avec Ali et Parviz.

— Je sais que l'absence de Nader vous pèse énormément, dit-elle.

— Je n'arrive pas à passer le cap, ça m'a même coupé l'appétit, dit Parviz en croquant dans son hamburger.

— Il faut regarder les aspects positifs, ajouta-t-elle. Il est clair que nous n'avons pas été repérés. Si c'était le cas et en imaginant qu'ils aient eu Nader, on serait déjà à Guantanamo en train de s'entraîner à l'apnée. Je pense que malheureusement Nader a été victime d'un crime. Il nous reste un problème majeur, on a très peu répété, on est tout juste prêts à écraser des téléviseurs. Il va vraiment falloir améliorer le niveau et rapidement, on arrive à Los Angeles dans quarante-huit heures, il faudra être à la hauteur d'emblée. Donc, après le dîner, au lit et entraînement à la première heure demain matin.

— Après ou avant le petit déjeuner ? demanda Parviz dont l'appétit semblait revenu.

— Avant, évidemment ! Tu ne penses qu'à manger, dit Ali.

— Oui et alors ? Les phases anorexiques et les phases boulimiques se succèdent quand je suis stressé.

— Apparemment les phases anorexiques ont été plutôt rares ces dernières années, dit Ali.

— Les garçons, on se concentre. On n'est pas là pour parler nutrition. Si Nader ne réapparaît pas, je ferai la chorégraphie avec vous pour qu'on soit sélectionnés tous les trois. C'est indispensable d'être trois pour la phase finale.

— J'ai hâte qu'on soit sélectionnés, dit Ali très excité.

— Non pas pour la sélection, pour la phase finale, répondit sèchement Firouzeh. Si on n'est pas trois, on ne réussira pas à s'approcher de Michael pour exécuter la phase finale de notre mission.

— Ah... cette phase finale-là... dit Parviz en posant son hamburger.

— On en a déjà parlé, on ne va pas revenir dessus. Nous sommes la dernière chance, c'est notre mission et nous devons aller jusqu'au bout, je peux vous garantir que l'échec n'est pas une option sauf si vous voulez vous retrouver pendus à une grue avec moi.

— Firouzeh… lui dit Ali après un silence, tu nous as entraînés, tu dois nous faire confiance comme on te fait confiance pour être notre cheffe. On sait très bien ce qu'il y a à faire et, même s'il y a eu quelques couacs, tu sais que tu peux compter sur nous. Tout ne s'est pas passé comme prévu mais nous savons que nous sommes la dernière chance et nous saurons nous montrer présents au moment crucial.

Ali se leva et continua, plus enthousiaste :

— Car il est hors de question qu'un échec entache la réputation d'aucun de nous, ni de nos familles, ni de notre civilisation. Car si nous sommes ici en ce jour, ce n'est pas un simple hasard mais le résultat de deux mille ans de lutte contre les hordes qui ont tenté maintes fois de nous asservir, jamais nous ne ferons marche arrière alors que nous avons rendez-vous avec l'Histoire…

Vous prendrez un dessert ou un café ? l'interrompit le serveur qui s'était empressé auprès d'eux voyant Ali se lever.

— Peut-être un petit banana split, dit Parviz, j'ai vu que vous en aviez un sur la carte.

— *Regular or large ?* demanda le serveur.

— Peut-être large, la banane contient beaucoup de potassium, c'est très bon pour les exercices, dit Parviz en souriant à Firouzeh.

Ali se retrouvant seul pour son rendez-vous avec l'Histoire, se rassit.

— D'accord pour le banana split et le rendez-vous avec l'Histoire, je vais aller régler pendant que vous faites le plein de potassium et, demain matin, rendez-vous à 7 heures dans la salle de réunion que je vais réserver de ce pas. Bonne nuit, les garçons, dit-elle sans pouvoir s'empêcher de sourire.

— Bonne nuit, cheffe, dirent-ils en même temps.

Firouzeh se dirigea vers le bar pour régler la note.

Reno était posté devant l'hôtel. Il était sûr qu'aucun d'entre eux n'était sorti. Il n'allait pas échouer une seconde fois.

This girl is mine

Janis, la barmaid, regarda la très jolie brune s'approcher. Un corps fin et musclé, exactement comme elle aimait.

— Bonsoir, pourrais-je régler le dîner, s'il vous plaît ? demanda Firouzeh.

— Bien sûr, je vous amène ça, répondit Janis en pensant qu'elle passerait bien la nuit à la consoler. Ah... je suis désolée, j'ai un problème informatique, j'ai dû relancer mon ordinateur. Ça va prendre quelques minutes, je vous offre un cocktail maison pour vous faire patienter, dit-elle en posant un verre bleu turquoise devant Firouzeh.

— Merci mais ce n'est vraiment pas la peine.

— Je vous en prie.

— C'est très gentil mais je suis fatiguée...

— C'est léger comme un jus de fruit, ça va vous requinquer.

— Ah, si c'est comme un jus de fruit, dit Firouzeh en commençant à boire.

— Ça a l'air de vous plaire, dit Janis en lui souriant.

— C'est très bon, ça se boit très facilement.

— Je vous en offre un autre pour me faire pardonner le retard, dit Janis qui savait comment gérer ce type de clients ; plus de sucre, plus d'alcool. Ça n'a pas l'air d'aller ?

— Comme un de ces jours où tu ne contrôles rien.

— Je vois très bien, oui, c'est l'histoire de ma vie, chaque matin j'arrive ici sans savoir si je vais rencontrer des abrutis ou des gens sympas, dit-elle en regardant Firouzeh.

— Oui, j'imagine que ça ne doit pas être drôle tous les jours, je comprends qu'on puisse se sentir enfermée derrière un bar…

— « Et voilà mon amour… et voilà… être captif, là n'est pas la question. La question est de ne pas se rendre… »

— Pardon ?

— « Et voilà mon amour… et voilà… être captif, là n'est pas la question. La question est de ne pas se rendre. » C'est tiré d'un poème de Nezim Hikmet, un poète turc contraint à l'exil alors qu'il était en prison et malade, tu vois on n'a pas trop à se plaindre.

— Mais comment tu connais un poète turc ?

— Mon professeur de littérature à l'université du Minnesota était d'origine turque, il aimait beaucoup le fait qu'Hikmet ait résisté... qu'il ait défendu ses idéaux jusqu'au bout...

— Mais comment tu es passée de la littérature à serveuse de bar ?

— Justement, son œuvre a eu beaucoup d'influence sur moi et sur ma décision de ne pas considérer la littérature comme une carrière. Finalement, je suis bien moins prisonnière que mes copains qui sont profs dans des facs de seconde zone et qui ressassent les mêmes commentaires sur les mêmes textes à des étudiants qui préfèrent passer leur temps sur Facebook qui n'est pas le site le plus poétique au monde. Je me demande s'ils comprennent ou plutôt ressentent les textes qu'ils enseignent, dit-elle en lui resservant un verre. Bah, tout ça n'est peut-être pas très important, il faut juste profiter de la vie sans se poser de questions...

— C'est bien beau la poésie mais par moments il faut se taire et faire ce qu'on nous demande. Tu es bien là à me servir des verres alors que tu as peut-être envie d'être ailleurs ?

— Qui te dit que j'ai envie d'être ailleurs ? dit Janis en effleurant sa main. Attends, je reviens dans deux secondes.

Firouzeh fut étonnée par l'effet de cette caresse. Janis revint avec la note et un dernier cocktail.

— Tiens, ma belle, celui-là est offert par moi en l'honneur de la poésie de cette soirée et, comme le disait le plus grand de tous :

"If you smile
Through your fear and sorrow
Smile and maybe tomorrow
You'll find that life is still worthwhile
If you just smile", chantonna Janis avec un grand sourire.

— Je vois que t'as aussi appris Michael à l'université...

— Je suis fan depuis toute petite. J'ai les premières éditions de tous ses albums.

— C'est drôle, justement, avec mes amis, on va auditionner pour son prochain spectacle, dit Firouzeh en regrettant d'avoir parlé si vite.

— Quoi ! Quoi !? Tu plaisantes ? Mais qui passe l'audition ? Les types qui étaient avec toi ? Le petit moustachu et le gros ?

— Tu serais étonnée de voir comme il bouge, « le gros », comme tu l'appelles, il n'est pas captif de son corps, celui-là !

— C'est incroyable, tu vas vraiment le rencontrer ? Le roi de la pop !

— Oui… normalement… dit Firouzeh d'un coup pensive en imaginant l'objet de sa mission.

— Écoute, il faut que tu me rendes un service : si tu rencontres MJ, j'ai la première édition de *Thriller*, est-ce que tu pourrais me la faire dédicacer ? Ce serait fabuleux pour moi… dit-elle en espérant ramener Firouzeh chez elle.

— Je ne sais pas, on doit partir très tôt demain… dit Firouzeh qui, reprise par sa méfiance d'agent, trouva cette coïncidence suspecte.

— J'habite à moins de cinq minutes, j'ai fini mon service. Si tu veux bien, tu m'accompagnes deux minutes, tu récupères l'album et tu auras ma reconnaissance éternelle.

— Je suis vraiment très fatiguée.

— Je t'en prie, c'est vraiment important. Moins de dix minutes de ton temps, *please please please*, dit Janis avec un très joli sourire.

— Ok d'accord mais on fait vite, je dois vraiment dormir et être en forme demain, dit Firouzeh qui n'avait pas appris à dire non, maudissant intérieurement son éducation iranienne. Firouzeh proposa de prendre sa voiture pour revenir plus vite.

Quelques minutes plus tard, Reno vit Firouzeh sortir de l'hôtel avec une autre femme et s'engouffrer dans la Mercedes. Il avait bien fait de garder un œil ouvert. Évidemment le gros Mike dormait. Il les suivit à bonne distance.

Thriller

Quand Firouzeh se réveilla, elle ne savait pas où elle était. En découvrant le corps de Janis nue à ses côtés, les souvenirs de la veille revinrent ; l'arrivée chez Janis, son incroyable collection de disques de Michael, les vidéos de ses premiers concerts solo, les évolutions de sa danse. Les verres qui s'enchaînent. Janis qui se penche sur elle. Son premier baiser. Leurs corps qui se cherchent sur le lit. Puis l'apaisement dans ses bras.

Il faisait encore nuit, le réveil affichait 3 h 47. Elle avait du mal à ouvrir les yeux. Elle s'habilla dans la pénombre. Elle prit l'album *Thriller* avant de sortir.

Reno n'avait pas quitté la maison des yeux. Il avait inspecté l'habitacle de la Mercedes sans rien trouver de compromettant. Puis il avait lancé des recherches sur la locataire de la maison. Quelques minutes plus tard, il recevait les résultats. D'après Langley, elle s'appelait Janis McAfee. Elle avait étudié à l'université de Saint Paul, Minnesota, et travaillait à l'hôtel. La connexion avec Firouzeh ne lui semblait pas évidente, mais il se félicitait de la rapidité et de l'efficacité du renseignement américain.

Il trouvait étrange qu'il n'y ait rien dans la voiture. Son flair lui dicta d'aller vérifier le coffre de la Mercedes. Tout semblait tranquille, aucun mouvement dans la maison. Il devait pouvoir crocheter la serrure en quelques secondes et découvrir les preuves accablantes qui lui manquaient. En se glissant entre la voiture et la haie, il se dit que le gros Mike n'aurait jamais pu y parvenir et que ses deux heures de sport quotidiennes feraient toujours la différence.

Il approchait sa main du coffre quand quelqu'un sortit de la maison. Il retrouva immédiatement ses réflexes de félin surentraîné. Son ouïe devint plus fine, il entendait chaque pas. Il s'accroupit très lentement en contrôlant chaque muscle pour ne faire crisser aucun gravier. Les pas s'approchaient. Ils semblaient irréguliers. Reno se concentrait sur sa respiration de plus en plus lente, maîtrisée au terme de milliers d'heures de yoga.

Firouzeh avait du mal à maintenir ses yeux ouverts. Elle fouilla longuement dans son sac avant de trouver les clés et appuya plusieurs fois sur les boutons pour ouvrir la porte. La voiture s'ouvrait et se refermait sans troubler la concentration de Reno, son corps musclé continuait à descendre lentement entre le coffre et la haie. Il savait que le moindre mouvement brusque le ferait repérer.

Elle s'assit au volant. Elle ne trouvait pas le contact. Ces voitures modernes ne valaient pas une bonne *Peikan* iranienne où la place de la serrure est évidente.

Reno était maintenant dissimulé derrière le coffre. Il posa ses mains par terre pour être plus stable, telle une panthère prête à bondir. Il n'y avait aucune chance qu'elle le voie. Il était très fier du contrôle de son corps. En une seconde, toutes ses années de sacrifice, d'entraînement intensif défilèrent devant ses yeux. Il avait tant donné pour en arriver là. Cette mission serait son tremplin à la CIA pour enfin se joindre à ces agents qui assuraient la sécurité des États-Unis loin des frontières. Il mit la main sur son arme et esquissa un sourire à l'idée de se voir remettre la "Distinguished Intelligence Cross" devant ses parents.

Firouzeh trouva enfin où insérer la clé électronique et démarra. La voiture fit un bond en arrière avec un bruit sourd et fut arrêtée par le frein à main que Firouzeh avait oublié de desserrer.

Reno n'eut pas le temps de réagir quand le pare-chocs lui frappa la tête en le projetant contre la haie. Il sentit son visage se tuméfier et perdit connaissance

Firouzeh se dit : « Au nom d'Allah, je ne me ferai jamais à la marche arrière sur ces boîtes automatiques, j'ai dû emboutir la haie, j'espère que la voiture n'a rien, Parviz va être en furieux. »

Elle sortit pour voir les dégâts. Elle découvrit le corps d'un homme inanimé. Elle ferma les yeux plusieurs fois mais le corps était bien là, à ses pieds.

Elle essaya de retrouver ses réflexes d'agent… Elle prit le pouls ; il battait régulièrement. Il était inconscient, sa tête avait gonflé.

Elle se baissa pour le mettre en position latérale de sécurité tout en se demandant ce qu'un homme à l'allure athlétique faisait à cette heure-ci derrière sa voiture. En le retournant, sa veste s'ouvrit, elle découvrit son arme. Elle avait failli être agressée bêtement, elle n'avait rien vu venir. Amir avait raison, il n'y avait aucune sécurité dans ce pays, elle devait absolument se ressaisir, évaluer les risques, partout, tout le temps, plutôt que de passer des nuits de beuverie et d'amour, avec une fille, en plus ! Si ses parents le savaient, sans parler d'Amir ou de son équipe… Comment avait-elle pu en arriver là ?

L'homme n'avait pas l'air d'un vulgaire voleur de voitures. Il avait un look militaire. Firouzeh commença à le fouiller. Elle découvrit sa carte : Central Intelligence

Agency, Special Agent Dave Reno. « Allah o Akbar ! Nader avait raison, nous étions repérés », dit-elle à voix haute sans s'en rendre compte.

La situation était beaucoup plus grave qu'elle ne le pensait. La CIA devait être derrière eux depuis le premier jour. Elle se vit pendue au bout d'une grue : « C'est soit la grue, soit Guantanamo. La mission commence maintenant. »

Elle se releva en titubant. Elle inspecta les alentours ; aucun bruit, aucun mouvement. Il était peu probable qu'il soit accompagné, sinon elle serait déjà menottée. Elle ne parvenait pas à envisager les différents scénarios. Elle essaya de le soulever mais il était trop lourd. Il geignait. Elle se résolut à appeler les garçons. Ali décrocha.

— Allô ? Allô ?

— C'est Firouzeh, *khasteh nabashid* – ne soyez pas fatigués.

— Toi non plus, oui, oui on arrive tout de suite pour la répétition, je suis désolé notre réveil n'a pas sonné.

— Mais non ce n'est pas pour ça, j'ai besoin de vous, je suis au 25 Brompton Street, rejoignez-moi tout de suite, c'est à quelques minutes à pied.

— Pour répéter ?

— Non, venez.

— Ok ok à tes ordres, on est là dans une minute.

Quelques minutes plus tard, ils rejoignaient Firouzeh assise contre la Mercedes.

— Il est de la CIA. Il me surveillait. J'ai réussi à le neutraliser, dit-elle en leur montrant le corps étendu derrière la voiture.

— Mais qu'est-ce que tu faisais ici ? demanda Ali en l'aidant à se relever.

— J'ai identifié une source qui avait des informations sur Michael, j'ai obtenu un briefing en profondeur qui pourra nous servir, dit Firouzeh dont le seul souvenir était le corps nu de Janis contre le sien.

— Comment ça, une source ? demanda Ali.

— Une informatrice, elle m'a même donné un 45-tours original de *Thriller*.

— Non ? dit Parviz, je ne peux pas le croire. C'est très rare.

— Oui, dit Ali, on n'en trouve nulle part, même pas au bazar de Téhéran... Il est peu probable que ce soit une véritable édition originale.

— Mais si, je vous assure, dit Firouzeh en se levant pour prendre le disque dans la voiture. Elle s'assit sur le siège, épuisée, en tenant l'album. Elle regardait la pochette mais elle ne faisait que penser à Janis.

Parviz prit délicatement l'album des mains de Firouzeh.

— C'est incroyable… Je n'aurais jamais imaginé en tenir un dans ma main, dit Parviz. Ali Jan, regarde.

— Je vois, Parviz, je vois, c'est vraiment la première édition, c'est incroyable.

Ali prit l'album comme s'il s'était agi d'un bijou fragile. Il regarda la couverture où Michael allongé, vêtu de son costume blanc, fixait le vague. Il se redressa, se racla la gorge, plaça l'album sur son cœur et se mit à déclamer : « Dans mes mains misérables et indignes, ce sont deux civilisations qui se touchent, les vers de Hafez, les poèmes de Ferdowsi, des siècles de poésie persane rencontrent l'apogée et la lumière de la poésie occidentale entièrement catalysée dans une œuvre, dans une personne… dans Michael… On voit à son regard sur cette photo qu'il sent le basculement, il sait que son destin va changer, il sait que son œuvre va avoir un effet sur l'humanité, oui, Michael… »

— Michael, Michael, dit Firouzeh sur son siège... Je vous l'avais dit et j'ai beaucoup d'informations sur ses chorégraphies. Ce spectacle est un retour aux sources pour lui, je pense savoir ce qu'il faut faire pour le convaincre de nous prendre.

— Bravo, Firouzeh, dit Parviz pour empêcher Ali de reprendre son monologue.

— Nous ne te méritons pas, Firouzeh, dit Ali, pardonne mes divagations. Pendant que nous dormons, tu enquêtes. Nous ne sommes pas dignes d'être la poussière sous tes pieds, je ne mérite même pas d'avoir touché cet album, dit-il en le lui rendant avec solennité.

Des râles provinrent de l'arrière de la voiture.

— Il s'appelle Reno, je pense qu'il est tout seul. J'ai pris son arme. Personne n'est venu pendant que je vous attendais.

— Il doit nous suivre depuis un certain temps s'il a repéré la voiture. Nader avait raison, dit Parviz en regardant Ali avec insistance.

— Quand je pense que je me suis moqué de lui, je ne suis qu'un misérable, je suis indigne de l'amitié de Nader qui est un être de lumière. On ne peut de toute façon pas le laisser là.

— Oui, tu as raison, il faut l'emmener à l'hôpital.

— Parviz ! Mais parfois je me demande si tu as un cerveau ? Il est hors de question de l'emmener à un hôpital. N'est-ce pas, Firouzeh ?

Firouzeh, dont le niveau d'adrénaline était retombé, ne parvenait plus à suivre la conversation.

— Oui, Ali a raison, il ne faut pas l'emmener à l'hôpital, il ne va pas si mal.

— Comment ça, il ne va pas si mal ? demanda Parviz, sa tête ressemble à une pastèque d'Ispahan, tu sais celle très sucrée qui se mange sans faim, il faut l'emmener à l'hôpital.

— Pas du tout, nous devons savoir ce qu'il sait sur nous et sur notre mission, reprit Ali.

— Mais comment veux-tu faire ? demanda Parviz, tu vas juste lui demander poliment ou on va le tabasser alors qu'il est déjà en très mauvais état ? De toute façon, il est de la CIA, il ne parlera jamais.

— Fais-moi confiance, dit Ali, je le ferai craquer. En tout cas, il faut partir d'ici, Firouzeh, qu'en penses-tu ?

— Oui, qu'il parle ou pas, peu importe, il faut partir et on ne peut pas le laisser ici.

— Tu vois, Firouzeh est d'accord. Parviz, mets-le dans le coffre, je vais inspecter les alentours.

Parviz souleva Reno comme un sac et le posa délicatement dans le coffre.

— Bâillonne-le et on s'en va, ordonna Ali.

— Mais ça va l'empêcher de respirer, dit Parviz.

— Ah oui, tu as raison, Parviz, on le laisse comme ça. Il pourra hurler dès qu'il reprendra conscience et on sera tout de suite repérés, dit Ali en bâillonnant Reno.

— On y va, les garçons, il va bientôt faire jour et on doit repartir, dit Firouzeh en claquant le coffre qui fit un bruit sourd.

— C'était quoi ce bruit ? demanda Ali.

— Rien, rien, ça a dû un peu toucher sa tête, dit Parviz, j'avais mis mon blouson comme un oreiller pour qu'il soit plus confortable. On aurait dû prendre une Toyota Camry ou un Land Cruiser, le coffre est bien plus spacieux.

— Les garçons, je pense qu'il faut vraiment y aller. Parviz, tu conduis, s'il te plaît. On se gare à l'hôtel, on prend nos affaires et on file. On l'interrogera sur le chemin dans un endroit tranquille, de toute façon je ne pense pas qu'il soit en état de nous dire quoi que ce soit pour le moment.

Unbreakable

Mike s'était installé stratégiquement près du buffet de manière à observer les allées et venues.

Ali était arrivé en débardeur, s'était servi un café, avait attrapé un croissant et disparu aussitôt. Mike, perplexe, s'était félicité de s'être levé plus tôt que d'habitude, sûrement son instinct d'enquêteur forgé par des années de filature. Firouzeh était arrivée juste après, avait bu deux cafés debout avant de filer à son tour. Ce ballet était étrange. Ils avaient l'air bien pressés ce matin. Parviz était en train de se composer une pyramide de pancakes que Mike jugeait plutôt sympathique.

Mike commençait à peine le salé qu'Ali se précipita sur Parviz qui entamait le haut de la pyramide. Il lui donna une tape sur la tête et sembla le réprimander. Parviz se leva subitement et courut vers la sortie.

Mike abandonna à contrecœur ses saucisses et se précipita derrière Ali et Parviz.

Les garçons retrouvèrent Firouzeh installée à l'arrière de la voiture. Finalement, heureusement qu'elle avait rencontré Janis et ses cocktails, sinon la CIA les aurait arrêtés – finis, la mission, le régime, la fierté de son pays… Jamais elle n'aurait pensé que quelque chose de positif sortirait de ses écarts.

L'ambiance dans la voiture était encore plus morne que la veille. Ils pensaient tous à Nader. La présence de l'« elephant man » de la CIA dans le coffre n'arrangeait rien. Firouzeh se sentit obligée de leur dire :

— Les garçons, nous sommes très près du but. C'est extraordinaire d'avoir déjoué la surveillance de la CIA et de ne pas avoir été arrêtés. Dès qu'on saura ce qu'ils savent, on pourra même contre-attaquer. Je suis persuadée que vos actions héroïques d'hier soir seront reconnues à leur juste valeur.

— C'est toi qui as tout fait hier soir, dit Ali, sans toi nous étions perdus.

— Je n'ai fait que mon devoir, nous sommes une équipe, le mérite nous en revient à tous. Dès qu'il se réveille, on le cuisine à la sauce VEVAK. Je vais réfléchir un peu à la stratégie, dit-elle en rêvant d'être dans un lit à côté de Janis. Pour la première fois de sa vie, elle avait l'impression de lâcher prise.

Mike ne comprenait pas très bien leur hâte au petit déjeuner. Ils ne roulaient pas plus vite que d'habitude. Ils avaient l'air de prendre la direction de Las Vegas. Il appellerait la CIA dès qu'il aurait plus d'information.

Firouzeh était dans une cellule grisâtre aux murs sales. Sur les murs, de vieux posters de Michael Jackson dont le visage était celui d'Amir. Elle entendait les tubes de Michael chantés faux. Des coups distants, comme des pas lourds, se rapprochaient, elle essayait d'ouvrir la porte sans y parvenir. Les coups se rapprochaient. Elle paniquait. Le visage d'Amir sur les posters arborait un rictus inquiétant. Les chansons de Michael étaient de plus en plus fortes et fausses. La cellule rapetissait. Elle étouffait. Elle devait garder son calme mais chaque coup faisait trembler son corps. Elle ouvrit les yeux et prit conscience que c'était un rêve. Elle fit un effort pour s'extraire de son cauchemar. Elle s'aperçut que les garçons hurlaient *Unbreakable* et que son siège était soulevé par des coups venant du coffre.

— Les garçons... tenta-t-elle.

— *"Now you can't stop me even thought you think, that if you block me, you've done your thing..."*

— Les garçons, les garçons, dit-elle en tapotant leur dos, il est réveillé. Parviz, quitte la route et trouve-nous un endroit tranquille.

Ils s'engagèrent sur une route forestière avant de se garer au bord d'une clairière.

Mike gara sa voiture sous un bosquet et décida de s'approcher d'eux à pied. Il attrapa un donut. La forêt était plus dense qu'il ne le pensait. Il se battait avec une végétation luxuriante, ses vêtements n'étaient pas adaptés à la marche en milieu tropical. Il transpirait à grosses gouttes, sa chemise lui collait à la peau. Il parvint à l'orée du bois en rêvant à une Budweiser fraîche. Pour ne pas être repéré, il s'allongea par terre et se mit à ramper à travers les fourrés. Il fallait qu'il perde un peu de ventre.

Dix minutes plus tôt, Reno avait repris conscience. Sa tête lui faisait horriblement mal. Il ne comprenait pas où il était. Tout était sombre autour de lui. Il se souvenait s'abaisser comme une panthère prête à bondir derrière la voiture puis un black-out. S'était-il évanoui ? Était-il mort ? Il avait mal, il ne devait pas être mort.

Il s'était ensuite rendu compte qu'il était attaché et probablement dans le coffre d'une voiture.

Il devait avoir été enlevé. Il avait repris ses exercices de respiration pour se calmer. Il ne lui suffirait que de quelques minutes pour défaire ses liens et trouver une solution. Coincé entre les valises, il s'était mis à frotter une main contre l'autre, mais les cordes ne cédaient pas. En plus de savoir crocheter des serrures, ils savaient bien faire les nœuds pour des danseurs...

Il devait les provoquer, il s'était mis à taper de toutes ses forces contre le siège. La voiture s'était arrêtée quelques instants plus tard. Le coffre s'était ouvert. Il avait eu la vision troublée d'un géant portant une veste en cuir moulant dont les manches lui arrivaient au coude. L'instant d'après, il s'était senti soulevé.

— *Excusez-moi*, lui dit Parviz en le posant contre la roue arrière.

— Laissez-moi faire, dit Ali en iranien, je me suis beaucoup intéressé aux méthodes d'interrogatoire, dans moins d'une minute on saura tout sur lui, sa famille, ses ancêtres.

— Et la CIA aussi ? demanda Firouzeh qui ne comprenait pas en quoi la famille et les ancêtres de Reno allaient les aider.

— Oui, la CIA bien sûr aussi, il va parler, il va chanter comme un canari !

Reno sentait son visage gonflé, il n'arrivait pas à ouvrir l'œil droit. Ali s'approcha de lui au point qu'il pouvait sentir sa moustache sur son visage.

— Bon, tu vas nous dire qui tu es et ce que tu faisais derrière notre voiture.

— Je ne dirai rien. Je préfère mourir en homme libre plutôt que de donner la moindre information à ceux qui menacent nos familles. Je ne serai pas celui qui déshonore le sang versé par les miens.

— Bon, tais-toi, on comprend rien.

— Ali, dit Parviz en iranien, il s'appelle Reno, c'est marqué sur sa carte de la CIA, je ne sais pas pourquoi tu lui demandes son nom.

— Mais tu ne connais rien aux techniques d'interrogatoire, laisse-moi faire s'il te plaît. Bon, si tu ne dis rien, on va trouver ta famille et on va tuer tout le monde, reprit Ali.

— Je n'ai pas de famille, à part la patrie. Vous perdez votre temps.

Ali sortit l'arme de Reno et la pointa sur son genou :

— Au moins, ça t'évitera de devoir renouveler ton abonnement à la gym et tu pourras faire du fauteuil roulant comme tes copains du Vietnam.

— Ali, si tu lui tires dessus ça va faire très mal, interrompit Parviz en persan.

— Oui, c'est le but.

— Oui mais après il va saigner, tenta de nouveau Parviz.

— Oui, et alors ? demanda Ali de plus en plus énervé de voir sa technique perdre en intensité.

— Ben, il va salir la voiture et je te rappelle qu'on a laissé une caution conséquente.

— *Kore khar* – jeune âne –, il faut le faire parler.

— Les garçons, ça devient ridicule, intervint Firouzeh, on n'a pas trop le temps, faites vite, ça ne doit pas être difficile, tout le monde a peur de quelque chose.

— Écoute, le Yankee, tu vas parler ou je vais tirer, je vais compter jusqu'à dix pour que tu aies un peu de temps pour réfléchir.

— Tu n'oseras pas, dit Reno qui tentait un bluff, ni toi ni l'autre gay habillé en cuir moulant.

— De quel gay tu parles ? dit Parviz.

— De toi, gros plein de soupe, j'ai rarement vu un mec habillé de façon aussi ridicule. Reno essayait de gagner du temps. La CIA devait déjà être à sa recherche et le gros Mike ne devait pas être loin.

— Je ne suis pas habillé comme un gay mais comme Michael Jackson, le roi de la pop.

— Ben justement, il est franchement gay lui aussi. On a dû se tromper, on pensait que vous veniez commettre un attentat mais en fait vous alliez à la gay pride pour… lança Reno provocateur.

Il n'eut pas le temps de finir sa phrase. Il vit la main de Parviz s'abattre sur son visage. Il sentit son visage enfler immédiatement et perdit connaissance.

— Mais, Parviz, tu es malade, qu'est-ce qui t'a pris ?! C'est sûr que maintenant il ne peut plus parler, hurla Ali.

— Je suis désolé, je suis honteux, c'est parti tout seul, je n'ai pas pu m'en empêcher mais il n'avait pas l'air de vouloir parler. Où as-tu appris tes techniques d'interrogatoire ? Ça n'avait pas l'air très efficace.

— Comment ça pas efficace ? Tu divagues complètement, c'est le père de Morteza qui travaille au bazar de Téhéran qui m'a tout appris, et rien de ce qui se passe dans le bazar ne lui échappe…

— Tu te moques de nous ? Moi qui pensais que tu allais utiliser des techniques du KGB ou, encore mieux, du Mossad, et tu me parles du père de Morteza, au bazar de Téhéran ! Tu mesures la gravité de tes âneries ?

— Eh bien, Massoud, le père de Morteza, il ferait parler le KGB et le Mossad, s'exclama Ali en commençant à gesticuler.

— Et pourquoi il ne le fait pas ? demanda Parviz.

— Parce qu'on ne lui a jamais demandé, répondit Ali en appuyant sans le vouloir sur la gâchette. La balle passa juste au-dessus de la tête de Reno.

La situation devenait incontrôlable. Mike devait prévenir la CIA. Il appela Reno.

« Mais enfin regardez, il est inconscient de nouveau, ce n'est pas avec un type dans le coma qu'on va obtenir des informations, et vous vous battez à propos d'un type du bazar de Téhéran ! Mais qu'est-ce qu'on vous a appris ?! », hurlait Firouzeh quand un téléphone sonna dans la voiture. Elle décrocha par réflexe.

— Allô.

— Pamela ? demanda Mike.

— Allô, dit Firouzeh en s'apercevant qu'elle avait pris le téléphone de Reno.

— Pamela, je suis derrière les danseurs, ça a l'air de dégénérer.

— Ah bon ?...

— Oui, je suis dans les bois derrière eux, le gros frappe un type par terre, le moustachu s'énerve et vient de tirer, la brune est au téléphone.

Firouzeh sentit le danger. Elle retrouva son calme.

— Ah bon ?

— Pamela, c'est bien toi ? Ta voix a changé.

— O... Oui... c'est l'air conditionné.

— Ah... l'air conditionné... mais Reno n'est pas là ? J'appelais Reno.

— Il est... enfin... dit-elle en le regardant inconscient sur le sol, il est... très fatigué.

— Ah mais il ne travaille pas ?

— Si... il travaille mais il est parti prendre quelque chose pour... pour le mal de tête. Et toi, tu es où ? Tu les vois ?

— Je me suis faufilé entre les arbres, je me suis habilement caché. Je les vois sans qu'ils me voient.

— Ah tu es à côté d'eux ?

— Oui, le mec à terre ne bouge pas, le moustachu a l'air nerveux et secoue le type à terre, la brune a l'air de s'en foutre, elle continue de téléphoner.

— Ah… dit Firouzeh en repérant une masse noire dépassant d'un buisson.

— Pamela, il faudrait envoyer des renforts, je reste dans le sous-bois.

Firouzeh appuya sur la touche « muet » et dit à Parviz : « Derrière le buisson à 3 heures, il faut le neutraliser, je te donnerai le top en levant la main dans sa direction, prends l'arme de Reno. »

— Pamela ? Pamela ? interrogea Mike.

— Ah oui, on a été coupés, tu m'entends ? dit Firouzeh.

— Oui oui…

— Surtout ne bouge pas… dit Firouzeh.

Firouzeh fit un signe de la main dans la direction de Mike, qui, par réflexe, lui rendit son salut. À ce moment, il vit le gros courir à une vitesse qu'il n'aurait pu imaginer. Il comprit son erreur, se leva, lâcha son donut et mit sa main à la ceinture pour se rendre compte qu'il avait laissé son arme dans la boîte à gants de la Civic.

— Pamela ! Pamela ! Ils m'ont repéré ! hurla-t-il alors que Parviz l'attrapait.

Here I am

Nader se réveilla un peu plus tard qu'à son habitude vers 5 heures et demie. Une journée plus courte mais plus dense l'attendait. Il ne lui restait plus que la demi-finale et, s'il gagnait, la finale.

Il fit ses étirements et, comme chaque matin depuis la dissolution de l'unité Moonwalk, les mouvements phares de Michael. Tout était en ordre. Il était prêt à relever le défi. Ali et Parviz devaient être en train de répéter sous la direction stricte et rigoureuse de Firouzeh. Il ne devait pas faire honte à ses amis.

La compétition ne reprenait que l'après-midi. Youri lui avait donné quartier libre pour se promener dans le casino.

C'était un hôte exceptionnel, il faudrait absolument qu'il lui rende son invitation. Youri serait sûrement enchanté par une visite détaillée d'Ispahan puis quelques jours au bord de la mer à Langeroud le dépayseraient. Les femmes étaient moins dénudées que dans ses clubs mais les bons plats iraniens compenseraient tout cela. « Ça doit être le problème de l'Occident ; s'ils avaient une cuisine digne de ce nom, ils n'auraient pas besoin de toutes ses stimulations sans intérêt », se dit-il en déambulant, toujours suivi par un homme de Youri.

Il marchait sans prêter attention aux allées illuminées des salles de jeu. Une caverne d'Ali Baba où tout le monde bougeait frénétiquement pour essayer de grappiller une part du butin. Nader les regardait avec indifférence. Il avait toujours eu l'impression d'être un observateur de sa vie.

La rencontre avec Parviz et Ali avait changé son existence. Ils le comprenaient et l'aimaient comme il était. Ils étaient sa véritable famille. Il avait été heureux de les retrouver et de voir qu'aucun n'avait changé. Ils représentaient tout ce qu'il aimait chez son peuple ; la générosité, la capacité de rire de tout, de rendre inoubliable l'événement le plus insignifiant. Ils pouvaient réciter du Hafez comme du Michael. Ils avaient un courage inégalé dans tout l'Empire perse. Il avait hâte de les retrouver pour reprendre la mission.

Il était temps d'aller prendre un jus d'orange pour faire le plein de vitamines, les conséquences d'une carence pouvaient être catastrophiques, pensa-t-il en se dirigeant vers un des bars isolés du casino où il espérait trouver un peu de tranquillité.

Il remarqua, attablé à quelques mètres de lui, un homme blond émacié. Son visage lui était familier. Nader se disait qu'il ferait bien, lui aussi, de prendre des vitamines quand il comprit qui il était. Il se leva et s'approcha de lui en hésitant.

— Bonjour... dit Nader gêné.

— Bonjour, dit l'homme en levant ses yeux bleus sur Nader.

— Je m'excuse de vous déranger mais vous ne seriez pas Monsieur Patrick Swayze ?

— Bravo, jeune homme, vous m'avez reconnu. Plus grand monde n'y parvient...

— Je suis votre martyr, me permettriez-vous de m'asseoir quelques instants avec vous ? Si, bien sûr, cela ne vous importune pas.

— J'espère n'avoir martyrisé personne, mais oui, vous pouvez vous asseoir, ça me fera un peu de compagnie.

— Je suis un de vos plus grands admirateurs, d'ailleurs pas simplement moi, mes amis également. Votre œuvre est pour nous une référence absolue.

— Merci, merci, répondit Patrick, mais je pense que vous exagérez un peu. Il y a des artistes plus importants que moi.

— Oui sans doute, dit Nader – surprenant Patrick peu habitué à cette franchise –, bien entendu il y a les Hafez, Ferdowsi, Shajarian, Michael Jackson, mais vous, Monsieur Swayze, vous jouez un rôle dans le panthéon de ceux qui ont changé le cours de l'humanité.

— Je ne connais que certains de ces artistes mais je ne suis pas sûr d'avoir changé quoi que ce soit. J'ai fait quelques films divertissants qui seront oubliés rapidement.

— Oubliés rapidement ? Pardon ? Oubliés rapidement ! Je n'y crois pas un instant ! Comment voulez-vous que les gens oublient *Dirty dancing*, vos inoubliables pas de danse ? dit-il en se levant pour les exécuter, étonnant encore un peu plus Patrick, oublier *Ghost* quand c'est un des plus grands films sur l'amour et la mort ? Sans parler de *Point Break* qui est probablement l'une des œuvres philosophiques les plus importantes du vingtième siècle.

— Philosophique ? s'étouffa Patrick.

— Bien évidemment ! Tout y est, la question de la liberté et de l'acceptation de l'ordre établi – notamment la valeur très relative de l'argent dans un système décorrélé de l'or –, la vacuité du sens de la vie, la fuite en avant dans le dépassement de soi, l'amour, l'amitié et surtout la question primordiale de la mort. Cette œuvre a été un des fils conducteurs de ma vie.

— Un fil conducteur ? *Point Break* ?

— Oui, j'ai adapté votre œuvre à mon environnement. Je n'ai jamais surfé mais vous avez été une véritable inspiration.

— Inspiration ?... Vous me flattez mais c'est un peu exagéré.

— Pas du tout, je suis tout à fait sincère. Les grands artistes ne comprennent pas la portée de leurs œuvres, c'est tout à votre honneur. Vous pensez que *Point Break* divertit les gens et qu'ils passent ensuite à autre chose ?

— Oui, c'est exactement ce qu'il se passe.

— C'est vrai pour la majorité d'entre eux mais vous oubliez ceux chez qui votre œuvre résonne. Pour eux, votre œuvre devient un fil conducteur qui les aide à dépasser leurs problèmes, à donner le meilleur d'eux-mêmes.

— Mais vous n'avez quand même pas braqué des banques masqué ?

— Pas du tout, je suis danseur comme vous. Enfin, je n'ai pas du tout votre talent ni votre grâce. Mon ami Parviz s'en approche un peu plus, je vous le présenterai. Vous verrez, il est magnifique.

Vous vous débrouillez plutôt bien d'après ce que j'ai pu voir.

— Oui, mais pour y arriver il a fallu que je surmonte mes peurs et le regard des autres. Tous les jours, vos paroles me poussaient à me battre plus.

— Mes paroles ?

— Oui. « La peur engendre l'hésitation et l'hésitation engendre la réalisation de ce qui te fait peur ». Bodhi, *Point Break*, trente-septième minute.

— Jeune homme, ce n'est qu'un film sur des surfeurs, ce n'est pas la Bible !

— C'est vrai, c'est plus divertissant que la Bible qui manque un peu de piquant. Déjà l'Ancien Testament, c'est truffé d'effets spéciaux exagérés du type mer qui s'ouvre ou buisson qui brûle sans brûler, et le Nouveau Testament, c'est l'horreur, on n'y comprend rien, le fil est dur à suivre. Jésus, avec tout le respect que je lui dois, a un look de surfer mais il ne surfe pas, c'est vrai qu'en Méditerranée les vagues ne sont pas adaptées, et puis il parle, il parle, il parle beaucoup et fait plein de trucs bizarres. Transformer l'eau en vin, c'est dangereux, avec des risques de déshydratation, surtout en Israël où il fait très chaud. Et les douze apôtres, ils ne servent à rien, ils ne font que le suivre et manger. Ils sont où quand il finit sur la croix ? Il y en a même un, Judas, qui le vend aux Romains, un peu d'ailleurs comme Johnny Utah qui est de la police mais, contrairement à Judas, il vous laisse surfer la vague absolue, au moins il a compris ce qu'était l'amitié. Il faut absolument que vous tourniez *Point Break 2*.

— C'est très intéressant tout ce que vous racontez et très aimable à vous, jeune homme, mais je ne suis pas sûr d'en avoir la force. J'ai un peu changé physiquement avec toutes ces chimiothérapies, une vaguelette m'emporterait... C'est drôle comme un corps qu'on a travaillé pour le maîtriser à la perfection, un corps qu'on a chéri, peut soudain vous trahir. Vous savez, je me bats depuis deux ans contre cette saloperie de cancer. Au début, on se galvanise par la psyché en pensant qu'on va reprendre le contrôle sur la maladie, mais les petites cellules qui ont décidé de foutre le bordel dans votre corps, elles se foutent complètement de la force psychique. Elles progressent petit à petit et finissent par tout court-circuiter. Et quand rien ne fonctionne plus vraiment, vous devenez l'otage de votre corps. C'est comme un ami intime qui vous poignarde mais que vous ne parvenez pas à détester. C'est une bataille de chaque instant. Pas une grande guerre, ce sont de petites batailles, pouvoir se lever, aller aux toilettes, supporter une prise de sang, parvenir à boire son café... Et là, je ne suis pas sûr de gagner.

— Vous ne pouvez pas dire ça. Il ne faut pas avoir peur, dit Nader dérangé par l'émotion qu'il sentait monter en lui.

— Ah je n'ai pas peur.

— Bravo, je retrouve Bodhi.

— J'ai eu peur au début, comme tout le monde, de quitter ceux que j'aimais, d'avoir fait du mal, et puis très vite j'ai compris que seul compte l'amour, celui qu'on a donné et celui qu'on a reçu. Depuis, je n'ai plus peur mais je n'ai pas encore le courage de renoncer.

— Vous pensez qu'il faut du courage pour renoncer ?

— Je pense que c'est le plus grand courage. Dans les rares moments de répit que me laisse mon corps, je suis parvenu à cette conclusion : il n'est pas de plus grand courage que celui de renoncer à se battre contre la mort, c'est le moment où on commence à l'accepter, à accepter sa victoire que l'on gagne.

— Mais...

— Justement, regardez *Point Break* que vous aimez tant, les deux seules victoires sont finalement des renoncements, celui de Johnny Utah à son rôle de flic et celui de Bodhi à la vie pour surfer une dernière vague. C'est peut-être finalement la seule chose extraordinaire de ce film, l'idée que ce n'est pas grave de laisser les choses aller.

— Mais on ne peut pas renoncer à tout, il faut quand même aller au bout de certaines choses, dit Nader en pensant à l'objet de sa mission qui, d'un coup, le terrifia.

— Non, il ne faut pas renoncer à tout, il faut même se battre pour certaines causes avec toute son énergie, mais quand c'est le bon moment pour renoncer il faut avoir le courage de le faire.

Patrick fixa silencieusement Nader de ses yeux très bleus. Après un silence qui leur parut à tous les deux très long, il se leva lentement en souriant :

— Vous m'excuserez, je dois partir, ma femme m'attend. Merci pour vos mots charmants sur mes films. Cette rencontre donne peut-être un sens à tout cela, et ne vous inquiétez pas, jeune homme, si le moment de renoncer se présente, vous le saurez.

— Merci à vous d'avoir pris le temps de me parler, je me sacrifierai pour vous, restez vivant.

— Je vais essayer, dit Patrick en souriant devant l'incongruité des formules.

Nader lui rendit son sourire et détourna le regard pour que Patrick ne voie pas ses larmes.

Be a lion

Reno couché par terre ouvrit lentement les yeux. Il crut voir le gros Mike s'approcher. La baffe avait dû lui endommager le cerveau, il hallucinait. Les sons étaient comme assourdis, il ferma les yeux et essaya de se rappeler ses entraînements. La règle des trois A. Analyser-Anticiper-Agir. Analyser d'abord. Mike avait sûrement prévenu Pamela. Les hélicos n'allaient pas tarder, ce cauchemar allait prendre fin. Il devait avoir neutralisé les terroristes. Il allait le sortir de là. Il l'avait sous-estimé. Avant même de passer à la phase anticipation, il entendit un bruit sourd à côté de lui. C'était Mike qui le regardait bizarrement.

— Reno, Reno, c'est toi ? Mais qu'est-ce que tu fais là ? Hey les gars, il est très amoché, il lui faut vraiment un hôpital. On dirait qu'il a fait une commotion cérébrale, dit Mike.

— Tais-toi et bouge pas. T'inquiète pas pour lui, ça ira, lui rétorqua la fille qu'il avait bêtement prise pour Pamela au téléphone.

Elle n'avait pas l'air de rigoler. Mike sentait sa dernière heure arrivée. Il ne comprenait toujours pas pourquoi Reno était là. Il ferma les yeux et essaya de se concentrer sur ce qu'il pouvait faire. La seule image qui lui venait était Pamela en train de boire une bière avec lui sur la plage. Ça n'allait pas l'aider...

— Bravo, Parviz. Il n'avait aucune chance à la vitesse à laquelle tu t'es précipité sur lui, dit Ali enthousiaste. J'étais juste derrière toi, on aurait dit un lion qui attrapait une gazelle comme dans les reportages animaliers. Bon, là c'est plus un hippopotame qu'une gazelle, mais toi, on aurait vraiment dit un lion.

— Ça suffit, les garçons, il faut s'occuper de ces deux-là. On avait le CIA et maintenant le FBI, dit Firouzeh en découvrant la plaque de Mike.

— On les bute et on les enterre, ni vu ni connu, dit Ali.

— Oui, tu as raison, quelle bonne idée ! Comme ça, on va nous envoyer toutes les unités disponibles, dit Firouzeh. Non, il faut apprendre ce qu'ils savent puis trouver une façon de les faire rendre compte à leur hiérarchie régulièrement pour ne pas attirer l'attention sur nous. Ali, reprends mais avec les techniques classiques, pas celle du Bazar. Parviz, tu ne mets personne dans le coma.

Ali approcha son visage de celui de Mike et lui dit :

— Écoute, le gros, tu vas nous dire tout ce que tu sais ou on va dézinguer ton pote.

— T'as vu sa tête ? Ça m'étonnerait qu'il survive à ce que vous lui avez fait. De toute façon, son cerveau doit être grillé, c'est peut-être mieux de ne pas le laisser vivre.

— Bravo, Mike, balbutia Reno. Nous mourrons peut-être ici mais ils n'auront rien. Nous rejoindrons les plus grands agents et nous serons dignes de la patrie. Je suis fier de mourir à tes côtés, dit Reno qui se voulait solennel mais parlait comme quelqu'un qui a de la purée chaude dans la bouche.

— Tais-toi, dit Ali, ou je demande à mon copain de t'en coller une. Bon, Mike, tu ne vas pas nous obliger à utiliser la manière forte. Mon pote s'énerve assez facilement et ensuite on ne peut pas le contrôler. Un jour, il a assommé un sanglier avec une claque, tu aurais dû voir, c'était magnifique. C'était dans les montagnes au nord de Mashhad.

— Qu'est-ce que c'est que ces conneries de sanglier ? dit Firouzeh en iranien.

— C'est une technique pour installer une ambiance de camaraderie qui incite à parler, répondit Ali.

— On n'a pas trop le temps pour l'ambiance... continua Firouzeh en iranien. Accélère.

— Ne parle pas, Mike, quoi qu'il fasse, ne dis rien, répéta Reno.

— Si tu ne dis rien, je vais dézinguer le genou de ton copain, dit Ali.

— Allez, tire-moi dessus, dit Reno. Je ne dirai rien, lui non plus, vous ne tirerez rien de nous, vous êtes perdus. Il a dû prévenir la CIA, ils seront là d'un instant à l'autre, vous finirez tous en prison.

— Exactement, dit Mike, vous êtes vraiment foutus, j'ai activé un code de secours, ils arrivent.

— Bravo bravo, dit Firouzeh, je te signale que tu m'as appelée moi et je serais étonnée que tu aies eu le temps d'activer quoi que ce soit. De toute façon, je perds patience, dit-elle puis s'adressant en farsi aux garçons : Qu'est-ce qu'on fait ? Le blond ne dira rien et le gros n'a pas l'air de vouloir lâcher non plus.

— Une seconde, dit Ali toujours en iranien puis s'adressant à Mike : Si tu ne dis rien, on va dézinguer ta femme et tes enfants.

— Alors... j'ai pas d'enfants et si tu pouvais dézinguer ma femme ça m'arrangerait, j'ai bien essayé de m'en débarrasser, mais le divorce dans ce pays c'est très compliqué et ça coûte une blinde. Ça me rendrait vraiment service si vous pouviez vous en occuper, le gros là-bas peut sûrement s'en charger.

— Quel gros ? dit Ali surpris.

— Bah, celui avec un blouson moulant.

— Pardon ?

— Bah, ton copain.

— Il est pas gros, hurla Ali, comment oses-tu insulter mon ami qui fait juste de la rétention ? Je vais t'apprendre ce qui est gros.

— C'est pas grave, Ali, t'énerve pas, dit Parviz en farsi tout en s'approchant de Mike, ils valent pas le coup de s'énerver.

— Je ne laisserai personne t'insulter, dit Ali.

— Ça va, ça va, calme-toi. La mission d'abord, on réglera ça plus tard. Regarde-les, ils ressemblent à rien, ça ne m'affecte pas.

— Mais tu es magnifique, tu es la quintessence de la puissance iranienne, je ne peux pas laisser un cafard américain cracher sur deux mille ans de civilisation.

— Ali, calme-toi, essaie de te concentrer, dit Parviz qui commençait à s'approcher de Mike et Reno, je te remercie mais arrête avec ces conneries de civilisation iranienne toutes les trois minutes.

— On est foutus, le gros s'énerve, dit Mike tout bas à Reno.

— Surtout, ne dis rien, Mike. La patrie est derrière nous. Ils arriveront, dit Reno.

— Tais-toi, hurla Ali sur Reno, je suis fatigué que tu n'écoutes pas, on ne vous apprend rien à la CIA ? Firouzeh, dit-il en iranien, ils ne parleront pas, ils sont super entraînés, la mort ne leur fait pas peur, surtout au blond.

— Laisse-moi essayer, dit Firouzeh.

Elle s'approcha de Mike, posa le canon du magnum sur son entrejambe en exerçant une pression assez forte et dit calmement :

— Je vais compter jusqu'à cinq...

— Oui, dit Mike.

— ... et boum.

— Mike, ne dis rien, nous sommes les États-Unis d'Amérique, hurla Reno, ne dis rien ! Mon frère.

— Un... dit Firouzeh.

— Mike, tiens bon, je suis avec toi.

— Ok ok, qu'est-ce que tu veux savoir ? dit Mike qui voyait que la fille n'avait pas l'air de bluffer, mais enlève un peu ton arme, un coup est si vite parti.

— Mike, ne dis rien, notre pays a besoin de...

— Ta gueule, hurla Mike, le flingue est sur mes couilles, pas sur les tiennes.

— Que faites-vous ici ? Que savez-vous ? demanda Firouzeh en appuyant un peu plus le canon sur l'entrejambe.

— Ces crétins de la CIA vous ont repérés à l'aéroport. Ils ont trouvé bizarre que vous soyez dans le même hôtel que le réalisateur, ils pensaient que vous alliez peut-être l'assassiner... Ils m'ont demandé de vous suivre. J'aurais préféré qu'on me laisse tranquille, je leur ai dit qu'ils faisaient fausse route, que vous étiez pas menaçants. Bon, là-dessus je me suis un peu gouré, dit-il en regardant le canon contre ses testicules. Puis votre copain a disparu, d'ailleurs ma voiture aussi, j'ai récupéré une Civic pourrie qui me fait très mal au dos et je vous ai suivis jusqu'ici. Après, le reste vous savez, le mec avec la tête de citrouille et moi qui me suis fait avoir en appelant l'autre crétin qui aurait pas dû être là.

— Et que savent-ils sur nous ?

— Rien, comme d'habitude.

— Vous reportez à qui et à quelle fréquence ?

— Moi à la tête de citrouille et lui, je sais pas trop.

— Et toi, tu faisais quoi ici ? demanda Ali en s'approchant de Reno.

— Je ne dirai rien, dit Reno.

— Parviz, aurais-tu l'obligeance de venir ici quelques secondes ?

Parviz s'approcha de Reno en relevant ses manches.

— Arrête de faire le héros, s'il t'en remet une tu vas finir comme un légume dans un centre pour vétérans, dit Mike. S'ils voulaient nous tuer, ça serait déjà fait.

— Je ne dirai rien, dit Reno.

Parviz s'approcha. Reno s'imagina dans un lit en train de se baver dessus. Il fallait être malin. Il devait anticiper, ils en savaient déjà pas mal.

— Ok ok c'est bon. On n'avait pas confiance dans le FBI, je devais juste surveiller leur surveillance, marmonna Reno.

— Bravo, c'était brillant, dit Mike. Du très bon boulot. Tu peux être fier de toi.

— Tu reportes à qui et à quelle fréquence ? demanda Firouzeh.

— Je dois appeler Pamela tous les jours dès qu'on s'arrête, dit Reno en pensant que ça les mettrait sous pression.

— Y a-t-il d'autres personnes qui suivent cette affaire ? demanda Firouzeh.

— Je ne dirai plus rien, dit Reno.

Parviz leva la main.

— Non, personne, que je sache, reprit Reno, pensant qu'il ne résisterait pas à une nouvelle claque et que l'équipe chargée de retrouver Nader allait sûrement le sauver.

Firouzeh retira le pistolet de l'entrejambe de Mike et dit en farsi :

— Le gros a l'air de tenir à la vie, le blond il faut s'en débarrasser. On remet le blond dans le coffre et on prend l'autre avec nous dans la voiture. On file à Las Vegas. On fait appeler Pamela par le gros et il reporte pour tous les deux. On voit si ça passe, sinon il faudra trouver une solution.

— Ou demander des renforts en interne... proposa Ali.

— Les renforts en interne, j'y crois pas trop. Amir m'a dit qu'on n'aurait pas de contact avec eux pendant la mission… Avec toutes ces péripéties, vous avez dû oublier qu'on était la dernière chance… Ok on y va, dit Firouzeh.

— Vous venez tous les deux avec nous, comme ça vous pourrez nous surveiller de très près ! dit Ali en éclatant de rire.

Parviz s'approcha en souriant de Reno et commença à le rattacher.

— *Ba ejazeh* – avec votre autorisation –, excusez-moi, dit-il en serrant les nœuds.

Ils cachèrent la Civic dans un bosquet et reprirent la route. Il ne leur restait que quelques heures avant d'arriver à Las Vegas. Firouzeh décida de se reposer et confia la garde de Mike à Ali.

Mike était coincé. Le petit à moustache à l'arrière avait une arme pointée dans son dos. Après quelques minutes, Parviz, concentré sur sa conduite, lui proposa un donut avant d'en prendre un. Il accepta volontiers, un peu de sucre ne pouvait pas lui faire de mal.

A brand new day

— Parviz, dit Firouzeh en iranien, on ne doit plus être très loin de Las Vegas, tu t'arrêtes pour acheter de quoi attacher nos amis à l'hôtel, s'ils s'échappent la mission est foutue.

— *Dar khedmat* – à ton service.

Mike fut surpris de voir Parviz se garer en face d'un Walmart. Soudain, il imagina qu'ils allaient acheter de quoi se débarrasser d'eux, scie pour les découper, grands sacs-poubelles pour jeter leurs corps dans la nature. Il allait devoir être très fin dans son prochain coup de fil à Pamela.

Reno, épuisé par le choc, avait lâché prise et s'était endormi. Il se réveilla quand le coffre s'ouvrit. Il vit apparaître Firouzeh au-dessus de lui. Elle lui fit signe de se taire en lui montrant son arme. Elle se sentait fatiguée mais maîtresse de la situation.

— Je vais expliquer lentement. On va arriver dans un hôtel. On va monter gentiment avec ton pote puis on t'emmènera en fauteuil. Si on n'est pas arrivés dans la chambre après cinq minutes, si tu fais le moindre bruit, on abat ton copain et tu prends une autre tarte de Parviz. Est-ce que t'as compris ? Réponds très doucement.

— Oui, balbutia Reno quand elle lui enleva son bâillon. J'ai très mal à la tête. Il n'était pas en position d'agir, allongé et attaché dans un coffre, le bon moment viendrait, il fallait montrer qu'il était conciliant et faible. Le guépard qu'il était avait peut-être été capturé, mais le renard en lui allait sûrement trouver le moment opportun de le sortir de là et de libérer Mike.

— Je vais te donner quelque chose et tu vas rester bien calme, dit Firouzeh qui lui mit dans la bouche les cachets donnés par Steven.

— Merci, dit Reno en les avalant. Sa technique marchait, il fallait endormir la méfiance de l'ennemi, et dès qu'ils baisseraient la garde il pourrait leur sauter dessus.

Parviz revint avec un énorme sac de courses.

— T'as besoin de tout ça pour attacher deux clowns ? lui demanda Firouzeh en iranien.

— Il y avait des promos sur les muffins et les bretzels, j'en ai profité. On a encore un peu de route et il faudra les surveiller, j'ai pensé que des provisions pourraient être utiles.

— Tu ne penses qu'à manger, c'est pas possible, dit Ali.

— Tu seras bien content quand tu mangeras ce muffin à la myrtille, dit Parviz en le tendant à Ali.

— Non merci, ça ira.

— Tant pis pour toi, dit Parviz en croquant dedans, tu en veux un ? proposa-t-il à Mike.

— Quoi ? dit Mike.

— Tu veux un muffin ? Ils sont à la myrtille, dit Parviz en lui mettant le gâteau devant la bouche.

— Oui... oui merci, dit Mike étonné qu'on lui offre de quoi se nourrir avant de le découper en morceaux.

— Que ça remplisse ta vie, dit Parviz.

— Ah ok, dit Mike en pensant : « C'est sûr maintenant, ils vont me tuer. » Ça ressemblait fort à un dernier repas.

— Ils étaient en promo, alors j'en ai profité, lui expliqua Parviz.

— T'as bien fait, dit Mike en croquant dans le muffin, ils sont très bons ceux-là, j'en prends souvent.

— Tu peux me tenir ça ? dit Parviz en lui tendant le paquet.

— Oui, dit Mike.

— Que ta main ne te fasse pas mal, dit Parviz.

— Non ça va, répondit Mike.

Nader avait commencé la demi-finale. Son adversaire était fort mais classique, d'après Youri. Au moment où Nader avançait son premier pion, la Mercedes pénétra dans Las Vegas. Elle fut alors encadrée par deux GMC noires qui forcèrent Parviz à ralentir :

— Firouzeh, ils me bloquent des deux côtés.

Mike repéra les GMC avec un sourire en coin, c'est bon ils étaient sauvés. Les débiles iraniens allaient être arrêtés, il pourrait raconter à Pamela comme il avait agi en héros.

Une des GMC aux vitres teintées accéléra pour se mettre au niveau de leur fenêtre. Firouzeh mit la main sur son arme. Comment avait-elle pu sous-estimer le FBI et la CIA ? Comment avait-elle pu penser que la pauvre VEVAC pouvait se mesurer aux deux meilleures agences du monde ? C'était à cause de tout ce qu'on lui avait dit sur la grandeur des services iraniens. Le lavage de cerveau du régime. Ils étaient faits. Les GMC devaient être remplies d'hommes surentraînés. Ils allaient passer un mauvais quart d'heure avec un agent du FBI maltraité et un type de la CIA à moitié mort dans le coffre. Si elle avait été un peu concentrée, elle aurait peut-être vu venir la menace. Elle pensa à Jafar, Steven, Janis, surtout Janis...

La vitre fumée s'abaissa, Firouzeh retira le cran de sécurité. Un homme au visage acéré la regarda derrière ses lunettes de soleil. Il lui sourit et fit signe de baisser sa fenêtre. Elle obéit sans se poser de question. Elle avait perdu.

— Suivez-nous, votre ami Nader vous attend, dit-il avec un accent russe.

— Parviz, ne ralentis pas, je pense que c'est un piège, dit Firouzeh.

— Suivez-nous, dit l'homme en continuant à sourire.

Elle ne se ferait pas avoir, se dit-elle prête à tirer. Il valait mieux mourir en héros du régime que croupir à Guantanamo et, finalement, ça ferait peut-être autant d'effet que la disparition de Michael.

— Suivez-nous... *Just call my name...*, dit l'homme.

— And *I'll be there*, répondirent Ali et Parviz en même temps par réflexe.

— Allez, suivez-nous, nous vous expliquerons plus tard, dit l'homme.

Ça ne pouvait être que Nader qui les avait envoyés. Les trois agents étaient aussi perplexes qu'heureux. Mike avait perdu tout espoir.

— T'es sûre qu'on les suit ? demanda Parviz, ils ne prennent pas la direction de l'hôtel que nous avions réservé.

— Je ne crois pas qu'on ait le choix, dit Firouzeh.

— Tu vois, dit Parviz en s'adressant à Mike, la GMC c'est une très bonne voiture produite dans votre pays. Je ne dirais pas que c'est aussi robuste qu'une Nissan ou une Toyota mais vraiment c'est pas mal. Ça donne l'impression que tu es important. Tu devrais prendre ça plutôt qu'une Civic. Après tout, tu es du FBI.

— On a pas mal de problèmes de budget, on a des Ford, on n'a pas les moyens d'être équipés en GMC. La Civic n'était pas à moi, je l'avais prise à une vieille dame.

— C'est incroyable que le FBI n'ait pas les moyens de se payer des voitures correctes. C'est honteux que tu sois obligé de voler une voiture pour ta mission. Et comment fait-elle, la pauvre ?

— Je ne l'ai pas volée, je l'ai juste empruntée, dit Mike de plus en plus étonné par Parviz.

— En attendant, sa voiture est cachée dans une forêt, elle a peu de chance de la retrouver. Tu vas me promettre que quand tout cela sera fini tu lui ramèneras.

— Promis, dit Mike qui ne comprenait pas mais pensa qu'il n'allait peut-être pas être coupé en morceaux.

— Non, non, dit Parviz.

— Comment ça, non ? dit Mike en pensant que sa fin était peut-être proche.

— Non, tu ne lui rends pas sa Civic. Tu lui amènes une GMC comme celle-là, tu te débrouilles avec tes chefs et tu lui amènes une belle GMC. Elle le mérite bien.

— Ok ok, tout ce que tu voudras, une GMC pas de problème.

Quelques minutes plus tard, ils se garaient devant un palace entouré d'immenses fontaines. L'eau bondissait à une trentaine de mètres au rythme de la musique. Firouzeh sortit de la voiture. Le conducteur de la GMC vint à sa rencontre.

— Je suis Igor, vous pouvez vous garer là-bas. Je vous envoie du monde pour vos bagages.

— Non, ça ira, merci, on va se débrouiller, dit Firouzeh.

— Vous êtes nos hôtes, on va s'en occuper, dit le Russe.

— Ne vous inquiétez pas, que votre main ne vous fasse pas mal, on va s'en occuper. Où est Nader ?

— Il est occupé, tournoi d'échecs. Vous pourrez aller le voir après vous être installés dans votre suite. Match très important. Nader est un grand joueur.

— Merci, très bien, dit Firouzeh qui continuait à se demander s'il s'agissait d'un piège. Bon, Mike, tu vas monter avec Ali tranquillement. T'oublies pas que tu as une arme dans le dos et que ton ami est entre nos mains. Tu ne fais pas le malin et tout va bien se passer, tu pourras retrouver ta petite femme.

— Ma femme, je pense pas qu'elle m'attende ou alors avec un fusil, de toute façon c'est une mégère, je suis presque mieux avec vous.

— Peu importe, tu retrouveras qui tu veux. Tu vas simplement avec Ali dans la chambre. Fais attention, il est nerveux, il a la gâchette facile. C'est quoi cette histoire de Nader et d'échecs ? demanda Firouzeh en farsi à Ali.

— Ah, une vraie obsession. Après la dissolution de Moonwalk, il s'est mis à fond dedans. Je pense qu'il ne doit pas être mauvais. En tout cas, dans la Perse à travers les âges, on n'a pas trouvé de meilleurs joueurs. Comme tu le sais, les échecs sont au cœur de la puissance de la civilisation perse et ont sûrement eu une influence sur la révolution par leur...

— Ali, stop. Mes instructions sont claires ?

— Oui.

Elle ouvrit le coffre avec Parviz.

— Ah, vous voilà mes amis, comment allez-vous ? dit Reno avec un grand sourire. Ce voyage en bateau est superbe. Il fait juste un peu sombre.

— Qu'est-ce que tu racontes ? demanda Parviz.

— Oui, oui, ça va mais ça tangue un peu, la mer doit être agitée. Il faudrait mettre les gilets de sauvetage, n'est-ce pas capitaine ? dit Reno.

Firouzeh referma le coffre.

— C'est quoi son délire ? dit Parviz. Il doit préparer un sale coup. Une bonne tarte me paraît adaptée.

— Attends, dit Firouzeh en ouvrant le coffre à nouveau. Bon, Reno, tu arrêtes de faire le malin et tu vas m'écouter.

— Ah, c'est incroyable, je crois qu'on s'est déjà vus quelque part tous les trois. Sortez-moi de ma cabine que je vous embrasse, dit Reno.

— Tu vas arrêter immédiatement ton cirque.

— Quel cirque ? J'adore le cirque, surtout les acrobates, je me sens comme sur un trapèze ; regardez, je flotte, je ne touche plus le sol.

Firouzeh se rappela qu'elle s'était sentie marcher au-dessus du sol au MBChicago.

— Merde, dit Firouzeh, c'est le truc pour le mal de tête que je lui ai filé. Ça m'avait procuré une sensation de flottement. Je lui en ai donné trois d'un coup.

— C'était quoi ? demanda Parviz.

— Je sais pas, j'étais allé chercher Nader et on m'a donné ça, on m'a dit que c'était super pour la tête. Ça s'appelle un Mickey ou un truc comme ça.

— Bon, on va au cirque ? demanda Reno.

— La bonne nouvelle, c'est qu'il est inoffensif dans cet état, ce médicament mettrait un chameau KO. On en profite pour le monter rapidement, dit Firouzeh.

Parviz sortit Reno du coffre et lui mit le chapeau d'Ali sur la tête. Ils le soutenaient chacun d'un côté.

— Il a l'air de pouvoir marcher, on n'a pas besoin de fauteuil, dit Parviz.

— Allez, on y va, dit Firouzeh.

— Où ? demanda Reno qui commençait à jouer avec le chapeau qu'il avait sur la tête.

— Au cirque et surtout tu restes calme, sourit Firouzeh.

Ils traversèrent l'immense hall sans que grand monde ne prête attention à eux.

Patrick Swayze quittait l'hôtel au même moment avec sa femme. Il lui montra discrètement le drôle de trio alors qu'il attendait sa voiture.

— Regarde, chérie, le mec avec le blouson en cuir qui porte l'autre poivrot. Il est magnifique. Il aurait été parfait pour jouer dans *Point Break*.

— Il est pas un peu gros, mon amour ?

— Mais non, c'est que du muscle. Quelle prestance, il est magnifique.

Scream

La suite était immense. Reno s'était laissé attacher sans résister et continuait à délirer. Ali lui avait mis des dessins animés qu'il regardait d'un air hagard.

Firouzeh s'approcha de Mike dans le salon. Elle est vraiment pas mal, se dit-il, pas aussi bien que Pamela, mais elle a quelque chose.

— On va appeler Pamela, tu vas lui parler tranquillement de choses banales. Tu lui dis que tu es avec Reno mais qu'il ne peut pas parler, tu trouves une raison. Tu leur dis qu'il a un problème avec son téléphone et qu'ils n'ont qu'à t'appeler. Au moindre mot de travers, boum, dit-elle en pointant son entrejambe avec son index, elle se rappelait la phrase d'un de ses instructeurs : « Un homme préfère l'idée de la mort à celle de perdre ses organes. »

Firouzeh composa le numéro en répétant : « Que des banalités… » très bas et en posant le canon sur l'entrejambe de Mike.

— Allô.

— Salut Pam, c'est Mike.

— Mike qui ?

— Mike, du FBI.

— Ah oui, les donuts… Tu devais pas appeler Reno ?

— Si, mais en fait il m'a rejoint, on est ensemble, alors on s'est dit que ça serait bien de te prévenir. D'ailleurs, je ne mange plus de donuts, que des salades, dit Mike en imaginant que ça mettrait la puce à l'oreille de Pam.

— Pourquoi il ne répond pas sur son portable ? On essaie de le joindre depuis ce matin.

— Son portable est en panne, il l'a laissé tomber, il s'est cassé, c'était juste avant qu'on déjeune de deux salades très fraîches.

— Super, le déjeuner. On a retrouvé ta voiture. Le grand l'avait volée mais j'imagine que Reno te l'a dit.

— Bien sûr, dit Mike qui se dit que, s'il pouvait, il en collerait bien une à ce crétin vaniteux.

— On en est où avec les clowns ?

Firouzeh appuya le canon sur l'entrejambe.

— Rien, rien, la routine. On est à Las Vegas, ils ont pris une chambre dans un hôtel, d'ailleurs moi aussi, c'est dommage que tu ne sois pas là, le jacuzzi est très grand, c'est vraiment fait pour deux personnes, dit Mike pour essayer d'alerter Pamela.

Firouzeh le regarda, perplexe.

— Même avec toi, on rentre à deux ? Il doit être énorme, dit Pamela.

— Oui oui, il est très beau. Et il y a des jets d'eau qui massent partout.

— Je suis ravie d'entendre tout ça. Tu peux me décrire la douche ?

— Elle est superbe, il y a une mosaïque qui représente un poisson de toutes...

— Mais ça va pas, non ! Je pensais que tu travaillais au FBI, pas dans une agence immobilière. Tu crois qu'on n'a que ça à faire à la CIA, d'écouter des conneries pareilles ? Dis-moi juste si tu as du nouveau sur les Iraniens, ça chauffe sérieux chez eux en ce moment.

— Non rien, dit-il en regardant Firouzeh. Rien d'anormal, on dirait des touristes qui vont visiter Las Vegas.

— Ok, surveille-les bien. Relève les détails. Est-ce qu'ils boivent de l'alcool, s'amusent ou ont-ils l'air de religieux radicalisés ? Aiguise tes sens.

— Oui oui, dit Mike qui voyait difficilement comment les aiguiser plus. J'ai remarqué que le plus musclé aime bien les donuts.

— C'est pas possible ! dit Pamela. Dis à Reno de m'appeler dès qu'il peut et essaie d'être vigilant.

Firouzeh montra Reno tout en appuyant le canon sur les testicules de Mike.

— Je reste aux aguets, je transmets à Reno et dès qu'il a fini ses donuts il t'appelle.

— Ok, salut.

Mike imagina que Pamela, qui connaissait les habitudes alimentaires de Reno, avait compris et qu'elle allait prévenir les renforts, leur libération n'allait pas tarder. L'image d'eux deux en train de siroter une bière à la plage s'imposa de nouveau.

Pamela pensa que ces types du FBI étaient d'une lourdeur et d'une bêtise inimaginables : « Espérons au moins qu'il a raison quand il dit qu'ils ne sont pas dangereux. »

— Ok, tu continues comme ça encore quarante-huit heures et après t'es tranquille, dit Firouzeh à Mike soulagé que le canon du pistolet s'éloigne de son entrejambe. Bon, les garçons, passant au farsi, vous vérifiez qu'ils sont bien attachés tous les deux pendant que je passe dans la salle de bains et on descend avec Parviz chercher Nader. Ali, tu assureras la surveillance, on ne peut pas les laisser seuls, il faut qu'on trouve une solution.

— On en parlera à Nader, dit Parviz, il a toujours des idées incroyables.

— Ne sois pas inquiète, la rassura Ali.

— Je ne suis pas inquiète, j'anticipe.

— *Dar khedmat* – à ton service.

En se regardant dans le miroir de la salle de bains, Firouzeh se trouva cernée. Elle marmonna à voix basse : « La CIA, le FBI, la VEVAC, Michael Jackson et moi au milieu, tout le monde attend quelque chose de moi, et moi je n'attends rien de personne... Est-ce que je vais tenir ?... Je serais tellement mieux dans les bras de Janis qui m'a donné sans rien attendre... »

Got to be there

Nader avait remporté assez aisément la demi-finale. Après une ouverture façon Ruy Lopez, il avait mis en place une défense solide. Il avait ensuite attaqué en laissant croire à son adversaire que ce dernier dominait. Il savait que l'ego est ce qui fait le plus souvent perdre les bons joueurs. S'ils croient avoir repéré une faille, ils s'y engouffrent en oubliant de se méfier.

Son adversaire à la finale était un jeune Azerbaïdjanais, nouveau venu comme lui dans le tournoi. Ses premières parties avaient beaucoup impressionné.

— Nader, tes amis sont arrivés, ils sont en train de s'installer, ils pourront te voir après la finale, dit Youri en lui tendant un thé.

— Merci, Youri, je savais que tu étais un homme de parole.

— Tu as énormément fait pour moi en si peu de temps. Si tu gagnes la finale, ça sera incroyable. Tu es très talentueux. As-tu pensé à devenir professionnel ?

— J'ai déjà un métier, les échecs ne sont qu'un amusement pour moi. Je comprends la fascination des gens pour ce jeu lié aux capacités de réflexion, mais il s'agit pour moi simplement de reconnaissance de schémas.

— Peut-être mais tu joues très bien, tu dois bien avoir une technique.

— Oui, tu vois, beaucoup de joueurs se focalisent sur la façon dont ils peuvent gagner. Comme les programmes informatiques, ils essaient de prévoir la position la plus forte, celle qui leur donnera un avantage et, souvent, ils commettent une erreur. Moi, j'ai passé des années à comprendre les mauvais mouvements. En particulier, ceux qui ont fait basculer les parties historiques. Tu vois, Youri, les ouvertures et les défenses sont stéréotypées, tout le monde pourrait arriver au milieu de la partie avec un peu d'effort. Ce mid-game est probablement ce qui fait la beauté des échecs et, je crois, une allégorie de la vie. Les pièces sont réparties sur l'échiquier, tout est en équilibre. C'est beau, chacun occupe ses positions. Les deux joueurs aimeraient en réalité en rester là, se serrer la main et se féliciter pour avoir atteint ce point d'harmonie dans la contrainte et le respect. Mais il faut bouger. Le mouvement est obligatoire. Il va bouleverser l'équilibre éphémère. La partie bascule alors dans le chaos, le calcul, la stratégie où chacun tente d'affirmer sa supériorité. En réalité, les deux joueurs détruisent ce qu'ils avaient construit ensemble. À la fin, il ne reste plus que quelques pièces isolées sans beauté, sans équilibre, sans harmonie. C'est un champ de bataille, un champ de ruines. Celui qui a perdu se sent inférieur et celui qui a gagné ne peut que regarder, un peu triste, les effets de sa sauvagerie. C'est pour ça que je ne veux pas jouer en professionnel, Youri ; je préfère ce moment de tension, cet équilibre fragile qu'il me coûte toujours de détruire.

Youri sut à cet instant que Nader gagnerait la finale. Nader finit son thé, se leva, réajusta son costume et se dirigea vers la table pour jouer la dernière partie.

Toujours devant le miroir de la salle de bains, Firouzeh se passa de l'eau sur le visage. Il fallait que tout cela se termine rapidement. Elle ne se souvenait pas d'avoir dormi ailleurs que dans la voiture, elle avait besoin d'une bonne nuit de sommeil. Elle fit mentalement la liste de ses priorités : « Récupérer Nader, gérer les deux prisonniers, dormir, répéter, reprendre la route, manger quelque chose. » Elle se répéta la liste plusieurs fois. Une fois convaincue qu'elle l'exécuterait point par point, elle retrouva Ali et Parviz dans le salon.

Elle vérifia elle-même les attaches de Mike et passa voir Reno. Il regardait fixement la télévision, la bouche légèrement entrouverte.

— Ça va, agent Reno ?
— Oui, c'est beau... très beau...

Firouzeh jeta un œil sur l'écran où une peluche géante en forme de dinosaure rose gesticulait au son d'une musique ridicule.

Quelques minutes plus tard, Firouzeh et Parviz guidés par Igor traversaient le casino pour passer dans l'arrière-salle à peine éclairée. Au son d'une musique très entraînante, des filles dénudées se déhanchaient sur plusieurs scènes distribuées autour d'une estrade centrale. Firouzeh les trouva très jolies.

Sur l'estrade, une table très simple et un échiquier. La partie avait commencé depuis dix minutes.

Parviz et Firouzeh furent soulagés de voir Nader assis tranquillement, il attendait que son adversaire joue. Igor les installa autour la table la plus proche de la scène.

Aussitôt que Nader les aperçut, un grand sourire illumina son visage. Parviz se leva pour aller le serrer dans ses bras mais Igor lui expliqua que tout contact pendant la partie était interdit.

Nader avait décidé de jouer une attaque « Grand Prix » pour contrecarrer la défense sicilienne mise en place par son adversaire. Parviz et Firouzeh étaient concentrés sur la partie quand un homme vint s'asseoir à côté d'eux. Grand, d'allure athlétique, des cheveux châtains un peu en bataille.

— Je suis Youri, ravi de faire la connaissance des amis de Nader. Il est vraiment incroyable, hors norme, votre ami, dit-il en serrant la main de Parviz.

— Ne sois pas fatigué, merci pour ton hospitalité, tu nous as rendus honteux, dit Parviz.

— Ce n'est rien pour des hôtes de votre qualité, répondit-il en serrant la main de Firouzeh et en fixant son décolleté.

— Nous te remercions, le voyage a été très éprouvant, être accueillis de la sorte est formidable, dit-elle.

— Regardez, la première phase du jeu est en train de s'achever. C'est pour l'instant assez équilibré, dit Youri en faisant un signe à Igor.

La table fut immédiatement recouverte de plats et de verres de toutes les tailles.

— Portons un toast comme chez nous, dit Youri en servant trois petits verres de vodka.

— C'est que… dit Firouzeh qui voulait éviter l'alcool.

— Il faut me goûter ça, c'est une vodka spéciale faite par ma grand-mère. Mon grand-père en boit tous les jours et il a plus de cent ans.

— Et il se porte bien ?

— Il ne voit plus rien mais à part ça, ça va !

— Ah, si c'est ta grand-mère, il faut l'honorer, dit Firouzeh qui ne voulait pas vexer leur hôte, et tous les trois burent leur verre cul sec.

— On passe au champagne, dit Youri qui se rapprocha de Firouzeh en remplissant les coupes.

— Ça va peut-être faire beaucoup et puis il n'est pas fait par ta grand-mère, le champagne ?

— Non mais le vignoble m'appartient, c'est un peu comme si c'était moi qui le faisais ! dit Youri en partant d'un grand éclat de rire.

Nader essayait de plonger dans le jeu de son adversaire. Les échecs, il le savait, reflètent la personnalité du joueur. Son premier adversaire, Anton, avait été agressif, un vrai attaquant, mais Nader avait juste fléchi sans jamais casser et il avait regardé Anton donner des coups d'épée dans l'eau jusqu'à rouiller sa lame. En demi-finale, il avait eu affaire à un très bon joueur classique, il connaissait ses gammes et les récitait sans magie. Nader avait joué classique mais un tout petit peu mieux. Là, c'était différent, son adversaire n'était pas sorti de sa carapace. Il se cachait. Nader avait bien essayé de l'attirer dans un piège mais il ne semblait pas réagir. Son jeu était placide comme son visage. Soit il n'avait pas vraiment de plan, soit il était assez fort pour parvenir à le dissimuler.

— Parviz, on arrête de boire, chuchota Firouzeh en iranien.

— On ne peut pas, ça le vexerait si on ne finit pas la bouteille, il n'avait pas l'air de plaisanter. Rappelle-toi qu'Amir nous a dit de nous fondre dans la masse pour que les Occidentaux ne voient rien. Si on ne boit pas, ça sera très louche. Allez, je sais que c'est dur mais force-toi un peu, le mec nous surveille.

Youri les regardait effectivement en souriant. Firouzeh but une gorgée de champagne qu'elle trouva bon, pensant que le problème était que ça devenait de moins en moins dur de boire. Parviz avait raison : se fondre dans la masse, se relâcher un peu, laisser son esprit vagabonder pour trouver une solution…

Just good friends

Reno continuait d'admirer la grâce du dinosaure rose. Mike pensa que c'était le bon moment pour tenter quelque chose. Il était seul et son geôlier n'avait pas l'air féroce.

— Je pense que vous faites une très grosse connerie, un mec du FBI et un mec de la CIA, même si c'est un tocard, vous allez passer deux fois sur la chaise électrique.

— Si vous vous tenez tranquille tous les deux, tout va bien se passer, il ne vous arrivera rien et nous non plus, répondit Ali.

— Écoute, je ne sais pas si tu es au courant mais ici on a un excellent programme de protection des témoins, si tu dis tout ce que tu sais sur ta bande, sur ce que vous alliez faire, tu bénéficies d'une peine allégée, voire pas de peine du tout, mais surtout l'État prend en charge ta protection pour que jamais tu ne subisses les conséquences de tes aveux.

— Tu veux dire qu'il y a une solution pour que je ne risque rien ?

— Je veux dire exactement ça, avec en plus un passeport américain et une nouvelle identité.

— Ok, je vais faire du thé et on va commander un petit truc à manger, tu dois avoir faim.

— Pas spécialement mais j'ai rien contre un petit snack.

Ali composa le numéro du room service :

— Cher Monsieur, pourriez-vous nous apporter deux burgers, deux frites, deux césar salades, deux cocas, trois bières et vous avez peut-être une recommandation pour un plat spécial ?

— Les ribs sont délicieuses.

— Ah très bien, deux plats de ribs.

— Je me permets aussi de vous conseiller nos doritos avec notre guacamole maison.

— Oui parfait, deux portions aussi.

— Vous désirez peut-être du thé ou du café pour finir ?

— Non, ça je m'en charge.

— Très bien, je vous les apporte dès qu'ils sont prêts.

— Merci, monsieur.

Mike vit ensuite Ali ouvrir tous les sachets de thé du buffet, les mettre dans un bol qu'il posa sur la bouilloire.

— Ce serait plus simple de mettre deux sachets dans de l'eau bouillante.

— Ce serait plus simple mais ce serait moins bon.

Ali attendit que le thé infuse dans le bol sans dire un mot. Il avait du mal à comprendre ce que Mike venait de lui dire. Il chercha deux verres transparents et les disposa sur une table basse devant Mike.

— Tu veux dire que si je vous libère et que je réponds à tes questions, je pourrais être libre au prix de l'emprisonnement de mes amis ?

— Oui c'est ça, libre comme l'air.

Mike sourit en pensant qu'il avait visé juste.

— Il y a beaucoup de gens qui font ça ?

— Plein.

— Qui ?

— Tout le monde, la mafia, la finance, la politique. Tout le monde est prêt à dénoncer quelqu'un pour s'en sortir. Avant, on mettait la pression, on pratiquait la torture psychologique, voire physique ; maintenant on donne un stylo et quelques contrats, et le tour est joué. Tout le monde a un point faible et c'est souvent la personne la plus proche. On a vu des enfants dénoncer leurs parents ; des femmes, leur mari.

— *Ô justice sans justice...* dit Ali.

On sonna à la porte. Ali regarda Mike et lui montra l'arme dirigée sur lui.

— Au moindre bruit, tu sais ce qu'il t'arrive, dit-il en s'approchant de la porte.

— Oui... dit Mike.

— C'est pour le room service.

— Merci, laissez devant, je ne suis pas habillé, dit Ali.

— Pas de problème, à tout à l'heure.

Ali attendit que les pas s'éloignent pour ouvrir la porte. Il distribua silencieusement les plats sur la table basse, prit une assiette, alla voir Reno qui s'était endormi et revint s'asseoir en face de Mike.

— Je vais détacher tes mains mais à la moindre connerie je tire. Je ne suis pas d'humeur à plaisanter et je déteste le sang, alors la meilleure chose à faire est de dîner tranquillement tous les deux ; de toute façon, les autres ne devraient pas tarder.

Mike, à qui la vue de tous ces plats avaient ouvert l'appétit, se dit qu'en faisant ami-ami il l'aurait plus facilement. Il s'attaqua à son cheeseburger en parlant de sa voix la plus rassurante.

— Tu vois, si tu m'écoutes – et tu n'as pas beaucoup de temps pour décider –, tu pourras sortir d'ici libre et profiter de la vie, t'as l'air très jeune pour griller sur une chaise électrique.

Après un long silence, Ali se mit à parler comme si cela lui coûtait.

— Tu m'aurais demandé de sacrifier ma vie contre votre liberté à tous les deux et la garantie que rien ne serait fait à mes amis, je l'aurais fait sans hésiter une seconde mais tu n'es pas capable de comprendre ça.

Mike s'étouffa avec son cheeseburger. Ali se leva calmement et lui tapa sur le dos. Il lui tendit une bouteille de bière et en prit une. Mike était en nage et tout rouge.

— Tu donnerais ta vie pour eux alors que tu peux être libre ? demanda Mike.

— Deux fois, trois fois s'il le fallait. Ce que tu m'as proposé était une insulte... à moi..., à ma famille... à ce qu'est un homme, un ami mais aussi à Darius et son empire, Ferdowsi et les lettres du roi, Hafez et les poèmes sur l'amour.

— Je n'ai jamais entendu parler de tous ces gens, ils sont aussi avec vous ?

— Je ne peux pas croire que tu sois si ignorant mais ce n'est peut-être pas si étonnant. Si tu ne connais pas la poésie, tu ne peux rien comprendre à l'amitié. C'est votre problème en Occident, vous avez perdu ce qui nous lie. Tu as des amis ?

— Oui... Enfin, je crois, je fais des barbecues avec des gens et je vais pêcher avec Fred quand j'ai le temps.

— C'est ça le problème, vos amis sont les gens avec qui vous faites des trucs, avec qui vous travaillez mais à la moindre difficulté il n'y a plus personne. Chez nous, l'amitié est un état, on n'a pas besoin de se voir ou de faire des trucs ensemble pour se sentir amis.

— Il faut bien passer du temps avec les gens pour les connaître.

— Eh bien non, nous donnons toute notre confiance tout de suite. L'amitié, c'est bien plus difficile que l'amour.

— Tu exagères.

— Pas du tout, l'amour tu récupères des trucs en échange : sexe, enfants, emmerdes… mais l'amitié, il ne faut rien attendre en retour, c'est gratuit. Tu dois être prêt à tout donner en permanence

— Mais tu ne donnerais pas ta vie pour tes amis, tu le prétends mais en pratique tu ne le ferais pas.

— Bien sûr que si. Tu vois, le concept même t'échappe, tu ne peux pas le concevoir. Votre société vous a tellement lavé le cerveau que tu ne penses qu'à toi, à ta vie, tes biens. Moi, j'estime que mon existence seule n'a pas beaucoup d'intérêt, ma vraie valeur réside dans ce qui me lie à mes amis. Tu vois, il y a des jours où on est misérable, vil et égoïste, ces jours-là, je suis moi seul. Et puis, il y a des jours où l'on est généreux, bons, magiques, ces jours où on est grands, ce sont les jours où nos amis nous inspirent. Vous passez votre vie à faire des calculs pour vous, votre maison, votre crédit, votre voiture… Combien de fois cette année as-tu fait quelque chose pour quelqu'un d'autre que toi pour rien, absolument rien ?

Mike ne trouvait pas.

— Vous vous contentez de relations superficielles, vous refusez de vous heurter les uns aux autres parce que vous avez peur d'avoir mal, d'être déçu. Mais l'acceptation de tout ça, c'est l'amitié. Alors, tu vois, quand tu as accepté de tout avoir et de potentiellement tout perdre, forcément ta vie t'importe peu, tu es prêt à la donner sans hésiter. Tu vois, Hafez disait : « Quand la rose et le vin et l'ami sont à toi. Le roi du monde est ton esclave ».

Un silence s'installa. Ali prit une gorgée de thé. Mike réfléchissait à ce qu'il venait d'entendre. Il éprouva soudain un sentiment de vide.

— Il est vraiment très bon ce thé, tu ne trouves pas ?

— Si si, dit Mike qui le trouvait meilleur que celui du FBI.

Ali commença à ranger. Mike essaya de se lever pour l'aider en oubliant que ses jambes étaient attachées, il tomba en avant sur les restes du repas. Ali s'empressa de le relever en souriant.

Human nature

Youri était rapidement revenu avec un magnum de champagne. Parviz avait largement entamé les amuse-bouches. En admirant la souplesse des filles le long de la barre, il se disait que ce Youri poussait loin le sens de l'hospitalité et que les corps dénudés amélioraient la qualité gustative des aliments.

Nader était dans sa bulle. Il avait atteint le midgame. Il n'avait pas encore réussi à sonder le cœur de son adversaire. Celui-ci n'avait commis aucune erreur et se montrait toujours maître de lui. Ses positions étaient fortes. Il n'attaquait pas vraiment tout en mettant continuellement Nader sous pression, il aurait été facile de commettre une erreur.

C'était à Nader de jouer. Il savait que c'était un des mouvements cruciaux de la partie. Il avait le choix entre renforcer sa défense et commencer une attaque qui lui paraissait prématurée.

Ses pensées passaient de l'échiquier aux événements des derniers jours. Voir Parviz et Firouzeh l'avait rassuré, la conversation avec Patrick Swayze lui revenait sans cesse ; « le courage de renoncer... ». C'était peut-être celui-là dont il fallait faire preuve maintenant. Plus il y pensait, plus ça lui semblait évident.

Soudain, il regarda son adversaire. Il lui sourit. Il avança sa reine.

L'Azerbaïdjanais le regarda, surpris. Il avait observé toutes les parties de Nader depuis le début de la compétition, il savait qu'il avait un jeu très solide, très ingénieux. Jusque-là, leurs positions avaient été équilibrées. C'était un mouvement tellement inattendu qu'il ne savait pas quoi en faire. On aurait dit que Nader avait sacrifié sa reine.

Youri s'était immobilisé alors qu'il allait resservir du champagne. « Qu'est-ce qu'il fout ? », cria-t-il, perdant d'un coup son calme. Nader avait joué de façon très maîtrisée jusque-là, le sacrifice de sa reine n'avait aucun sens.

Parviz s'était approché d'une estrade où il avait repéré une brune qui le regardait avec intérêt en se frottant contre la barre. Il préférait de loin le backgammon, tu lances les dés et tu bouges des pions, c'est bien plus sympa que les échecs et on peut parler et rigoler en même temps. D'ailleurs, ni Nader ni l'autre n'avaient ri depuis le début de la partie.

— Mais qu'est-ce qu'il fout ? répéta Youri, il y avait trois mille meilleures choses à faire.

— Fais-lui confiance, dit Firouzeh.

— C'est foutu, c'est dommage, il est parti pour se faire prendre sa reine.

— Fais-lui confiance, Nader sait où il va.

— Moi aussi, il va à la défaite.

— Je parie le contraire.

— Ok s'il gagne, je réalise ton souhait et sinon tu réalises le mien, dit-il en levant son verre.

Firouzeh se faisait peu d'illusions sur le type de souhaits de Youri mais, prise à son propre jeu, elle trinqua.

L'adversaire de Nader continuait de réfléchir. « C'est trop facile, il a condamné sa reine, il doit y avoir un piège. »

— Et que fait une ravissante femme en compagnie d'un virtuose des échecs et d'un... ? demanda Youri qui ne trouvait pas de qualificatif pour Parviz en train de se hisser sur une des estrades pour danser avec la fille brune.

— Un quoi ?

— Un... enfin, il est magnifique, dit Youri.

— C'est vrai, c'est un très grand danseur, nous dansons, nous sommes une troupe de danseurs.

— Moi aussi, j'ai été danseur. Un très grand danseur, même.

— Quelle danse ?

— Classique.

— Bien sûr.

— Mais efficace. Droit au but. Sans subterfuge.

— Et tu as arrêté ?

— Plus ou moins… C'est très fatigant, la danse.

— À qui le dis-tu ? Ça fait quatre jours que je n'ai presque pas dormi…

— Tu voyages partout, tout le temps, tu dois te produire devant toute sorte de publics, toujours pressé, sans rien comprendre à ce que te demandent les chorégraphes, alors tu passes ton temps à exécuter…

— Exécuter…, dit Firouzeh pensivement.

— Des pas de danse sans savoir pourquoi et puis une blessure est si vite arrivée, le corps humain est fragile, murmura Youri en caressant l'épaule de Firouzeh.

— Oui, parfois très fragile. La caresse de Youri l'avait faite frémir. Il y avait un mélange de calme et de force très séduisant chez lui. Et tu fais quoi maintenant ?

— De la direction artistique, c'est bien plus simple. Je choisis les bons danseurs et ils exécutent ma chorégraphie.

— Ça ne te manque pas, la scène ?

— Non, quand on est jeune, on est attiré par la lumière, mais maintenant je prends plaisir à décider des mouvements et à les voir s'exécuter à la perfection. Je danse mais en utilisant d'autres corps. Et le risque de blessure est pour moi quasi nul. Comme tu l'imagines, les grandes compagnies pour qui nous avons travaillé ou travaillons font partie de notre vie pour toujours. Elles vous laissent votre liberté tant que vous êtes fidèle.

Nader savait son adversaire perdu. Il ne comprenait pas pourquoi Nader lui avait offert sa reine. Or il n'y avait rien à comprendre. Ça avait été son intuition. Renoncer, lui donner quelque chose de tellement inattendu que toute son énergie serait dépensée à comprendre cette offrande. Les chances de réussite étaient faibles, mais, après tout, quelles étaient leurs chances de sauver le régime et leur peau avec quelques pas de danse ? se dit-il quand son adversaire bougea son cheval pour prendre la reine au coup d'après. Le plan semblait marcher.

Il bougea son fou rapidement pour faire semblant de défendre sa reine alors qu'il commençait à renforcer sa menace sur le roi adverse. L'équilibre était rompu. Il allait perdre sa reine mais il aurait dans trois coups une position qui serait difficile à contrôler par son adversaire.

Youri continuait à ne pas comprendre ce que faisait son protégé. Firouzeh, toujours confiante dans Nader, reprit la conversation.

— Eh bien nous, on n'en est pas encore à ta gestion distanciée ! On est en plein dans la danse, je dirais même qu'on est sous la lumière crue. On doit bientôt produire la plus grande chorégraphie de notre vie et, pour la première fois, je ne suis pas sûre d'être parfaitement au point. Elle s'étonnait de se livrer ainsi mais il y avait quelque chose chez Youri qui incitait à la confidence.

— On n'est jamais prêt. On peut répéter des années, calculer les pas au millimètre, on n'est jamais prêt le grand jour.

— Alors on réussit comment ?

— C'est une combinaison de choses, la chance, la magie du moment, parfois l'alignement des astres font que ta prestation est parfaite, exactement comme tu l'avais imaginée.

— Ce n'est pas que la chance...

— Non, bien entendu, la préparation augmente tes chances mais il reste toujours un écart à combler.

— Et tu le combles comment ?

— Avec ceux qui t'entourent, ce sont eux qui vont grappiller les millimètres qui séparent ta préparation de la réussite. Chacun de leurs mouvements fait gagner un millimètre…

— Tu veux dire : Nader et Parviz ? répliqua Firouzeh.

— Et aussi Ali, en haut, en train de surveiller vos amis.

Firouzeh se figea. Elle avait compris qu'il avait des liens avec le FSB, mais qu'il sache tout… Lui revint la phrase d'Amir avant qu'elle monte dans l'avion : « D'une manière ou d'une autre, nous garderons un œil sur vous. »

Elle avala cul sec le champagne. La reine de Nader avait été capturée, mais son adversaire avait utilisé trop d'énergie à essayer de comprendre. Trois mouvements plus tard, il se rendait compte de son retard. Nader attaquait sans relâche. L'Azerbaïdjanais essayait de résister mais il voyait la digue lâcher. Il n'avait pas vu la construction de l'attaque en parallèle.

— De quoi tu parles ? demanda-t-elle.

— Ne t'inquiète pas, c'est la moindre des choses que je sois au courant. Vous êtes mes hôtes et mon souhait le plus cher est votre bien-être entre ces murs, dit-il en glissant sa main sur la cuisse de Firouzeh.

Elle aima le contact de cette main. Elle se dit que la même force et le même calme se dégageaient de sa main et de sa voix.

— Je sais très bien comment des amis de compagnies concurrentes peuvent gâcher une chorégraphie préparée de longue date. Depuis que je suis dans la direction artistique, j'ai appris à gérer ce genre d'amis encombrants.

— Et tu fais comment ?

— Il faut parfois improviser... Nos troupes ont toujours travaillé main dans la main, j'étais prévenu de votre arrivée sans rien connaître de votre chorégraphie, mais quand j'ai eu l'impression que votre spectacle pouvait être gâché par une troupe concurrente, j'ai éloigné Nader de vous quelques jours.

— En gagnant un tournoi d'échecs au passage !

— Ce sont les joies de l'improvisation... on peut joindre l'utile à l'agréable... Si tu as besoin d'aide, tu n'as qu'à me demander.

L'adversaire de Nader se leva et lui serra la main. Il avait perdu. Les applaudissements s'élevèrent de la salle. Il demanda à Nader comment il avait eu l'idée de son piège.

— En renonçant, dit Nader en lui tendant sa reine, en renonçant... En tout cas, c'était une très belle partie. Je te remercie. *Rorbane shoma* – je serai ton martyr.

— Je t'en prie, répondit l'Azerbaïdjanais, le plaisir était pour moi, à ton service.

— *Ma ra sharmandeh kardid* – tu me rends honteux –, dit Nader avant d'être soulevé par Parviz. Lâche-moi ou je vais étouffer !

— C'est pas grave, mais t'étais où ? Tu nous as vraiment manqué.

— *Long story man*... mais le principal est que vous soyez là. Et que tu me lâches, je commence à être hypoxique ; comme tu sais, un manque d'oxygène prolongé peut...

— Oui, oui, je te laisse une seconde, j'ai un truc à régler avec une danseuse.

— Oui, je sais, air conditionné, talons hauts, risques de chute, dit Nader, très sérieux.

— Exactement, je vais justement aller faire un peu de prévention, sourit Parviz qui connaissait Nader par cœur.

La foule entourait à présent Nader pour le féliciter. Firouzeh se tourna vers Youri :

— Je t'avais dit de lui faire confiance.

— Tant pis pour moi et mon souhait, dit-il en remontant sa main sur la cuisse de Firouzeh, le tien sera réalisé.

— Tu peux nous aider avec nos deux amis.

— Igor va leur donner un calmant et les surveiller cette nuit, vous pourrez dormir sur vos deux oreilles, dit Youri.

— Qui t'a dit que je voulais dormir ? demanda Firouzeh, s'étonnant de son audace. La musique était de plus en plus forte, les gens commençaient à danser, l'aide de Youri lui avait enlevé un poids. Elle eut envie tout d'un coup de flotter comme avec les cachets de Steven.

— Parfait, à une nuit sans sommeil ! Et demain matin vous repartez, vous pouvez me laisser vos amis.

— Tu es sûr ?

— Ce n'est pas ma chorégraphie mais oui... C'est comme ça que je ferais.

Firouzeh réfléchit à toute vitesse mais, sous l'effet de l'alcool et de la tension qui retombait, elle se dit qu'elle n'avait pas mieux.

— Deal ! dit-elle en se levant pour féliciter Nader qui marchait à sa rencontre comme s'il revenait d'une promenade en forêt.

Plus tard dans la soirée, elle regardait Parviz danser sur la scène au milieu d'une foule électrisée par son énergie, Ali entouré par trois amies très dénudées, Nader légèrement en retrait, perdu dans ses pensées, un sourire aux lèvres. Elle comprit à cet instant combien elle les aimait.

Elle vida sa coupe d'un trait en se rappelant la phrase d'Amir : « Fondez-vous dans la masse. »

Don't stop till you get enough

Firouzeh n'eut pas besoin de s'arracher du sommeil, Youri ne l'avait pas laissée dormir. Il avait commenté en russe puis traduit en anglais la finesse de ses chevilles, la courbe de ses cils, les inflexions de sa voix. Elle avait lâché prise. Elle savait qu'ils vivaient les derniers instants d'une très relative tranquillité et que tout basculerait dans les heures qui suivraient. Le moment où toute course est forcément désespérée. Youri sortit de la douche, la fatigue semblait ne pas avoir prise sur lui. Il s'approcha d'elle et l'enlaça :

— Merci pour cette nuit, lui dit-il.

— Tout le plaisir était pour moi, c'est évident que tu sais danser, le hasard fait parfois bien les choses.

— Parfois c'est à nous de provoquer le hasard...

Ils descendirent rejoindre les garçons sur le parking. Les bagages avaient été chargés par les hommes de Youri. Ils reprirent leur place habituelle, Parviz et Ali devant, Nader et Firouzeh derrière. Nader dit : « Comme au bon vieux temps… » Parviz jeta un coup d'œil dans la voiture avant de démarrer, il sourit en voyant tout le monde réuni.

— Attends, dit Ali.
— Quoi ? demanda Parviz.
— Je reviens.

L'ambiance dans la suite avait changé après l'excellent dîner avec Ali. Igor était entré et avait donné un cachet à Reno qui continuait à admirer le dinosaure rose et un à Mike. Il avait essayé de résister, mais la taille de la main du dénommé Igor ne lui avait pas laissé le choix. Rapidement, il avait sombré dans un sommeil profond. Il courait derrière Pamela en traversant un tunnel de donuts aux topings alléchants. Dès qu'il était sur le point de l'atteindre, elle lui échappait. Autour d'eux, des fontaines de thé ambré. Il avait finalement réussi à attraper Pamela et la portait avec la sensation de flotter.

Quelques heures plus tard, Igor l'avait traîné par les pieds et attaché sur une chaise dans la salle de bains. Il avait l'air de ne pas rigoler. Mike sentait sa dernière heure proche. Igor se tenait maintenant debout devant lui sans rien dire. Soudain, la porte s'ouvrit, il vit Ali entrer en trombe.

— Mike, prends tes affaires, tu viens avec nous, dit Ali.

— Ce ne sont pas les ordres, dit Igor.

— Oui, les ordres… mais lui vient avec nous. Allez, debout.

— Attends, dit Igor en prenant son téléphone. Boss, le moustachu veut emmener le gros.

— Passe-nous le moustachu, dit Youri en tendant le téléphone à Firouzeh.

— Oui.

— C'est Ali, dis-leur qu'on prend Mike.

— Pourquoi ? demanda Firouzeh.

— On peut en avoir besoin, il est du FBI, il a des entrées et il peut servir de monnaie d'échange.

— Pourquoi pas l'autre ?

— Il dort et là, vraiment, il est pas beau à voir. Tu sais, les bosses sur sa tête ont viré au bleu, violet… Le seul endroit où il peut nous faire entrer, c'est à Disneyland.

— Tu es sûr ?

— Oui, il faut le prendre, j'ai une intuition.

— Attends, dit Firouzeh en mettant sa main sur le téléphone. Youri, Ali veut qu'on prenne le gros, t'en penses quoi ?

— C'est ta chorégraphie, c'est toi qui décides, fie-toi à ton instinct, lui dit calmement Youri.

— Ali, dit Firouzeh en reprenant le téléphone, tu es sûr de toi ? Comment on le contrôle ?

— Oui, je suis sûr, je le contrôlerai. J'ai eu une conversation avec lui hier, je sais que je peux.

— Ok, descends-le.

Firouzeh raccrocha.

— Mike, dit Ali, Reno est avec nos amis ; si tu tentes quoi que ce soit, Pamela reçoit sa tête dans un paquet-cadeau de ta part.

Firouzeh se mit à l'écart avec Youri :

— Et Reno ?

— Il prend l'avion dans deux heures pour Moscou, y a des gens qui sont très intéressés par les chorégraphies de sa compagnie.

— Merci... Peut-être qu'un jour on dansera à nouveau ensemble tous les deux...

Peut être... dit Youri en souriant à Firouzeh.

The Man in the Mirror

Le ton était très enjoué dans la voiture. Parviz et Mike à l'avant. Ali et Firouzeh encadrant Nader. Les retrouvailles, la fête de la veille leur avaient un peu fait oublier la mission et, à part Mike, ils avaient l'air très heureux.

— Il sait vraiment recevoir, quelle générosité ce Youri, dit Nader.

— C'est vrai, il a donné beaucoup de lui-même, ajouta Firouzeh en posant la tête contre la vitre.

Un silence s'installa. Parviz remit le CD. *The man in the mirror* emplit l'habitacle.

— Il ne te reste pas un truc à grignoter ? demanda Mike à Parviz.

— Pardon ? demanda Parviz.

— Un truc à manger ? répéta Mike.

— Pourquoi ? T'as pas petit-déjeuné ? demanda Parviz.

— Non, je n'ai pas eu l'impression que le grand Russe dans ma chambre était très porté sur le room service, dit Mike.

— Je suis désolé, je connais les souffrances du réveil le ventre creux, dit Parviz en tendant à Mike un paquet de cookies, donnez l'ordre !

— Merci, merci, je ne crois pas être en position de donner des ordres... Merci.

— *Be noush janet !* – à la santé de ta vie ! Mon tee-shirt te va très bien, tu es magnifique ! dit Parviz.

— Ah oui, c'est tout ce que j'ai trouvé pour dormir... Oui, merci, mais ma santé et ma vie, c'est pas trop la priorité du moment, non ? Vraiment ? Il est pas trop serré ? demanda Mike.

— Ne t'inquiète pas, bientôt tout ça va finir, on fait ce qu'on a à faire et tu retrouves tranquillement Tamara. Le T-shirt il est parfait, d'ailleurs Tamara te le confirmera.

— Pamela, dit Mike.

— Quoi ?

— Pamela, elle s'appelle Pamela.

— Ah ok, si tu préfères Pamela et le divorce pourquoi ?

Mike croqua dans un cookie.

— Tu sais, c'est compliqué, on pense se connaître et aller dans la même direction et puis il y a le boulot, t'es à droite à gauche, des filatures, des enquêtes palpitantes, des criminels dont il faut sonder l'âme sombre et, petit à petit, tu t'éloignes sans t'en rendre compte. Un matin, tu te réveilles et tu te demandes qui est cette personne à côté de toi, tu vas dans la salle de bains et tu te rends compte que tu ne sais pas qui est cette personne dans le miroir qui te regarde un peu perdue, un peu en colère.

— Quelle colère ?

— Celle d'avoir laissé tes rêves, tes idéaux, la colère de n'avoir pas été la personne que tu te promettais d'être, ni celle que tu dis être au quotidien. T'as pas vraiment d'amis, tu fais ton boulot sans y croire et tu ne te bats plus pour que ton couple tienne. Le matin où j'ai pris conscience de ça, j'ai décidé de divorcer, même pas pour moi mais pour libérer ma femme du fardeau que j'étais devenu.

— Mais ta femme… ?

— Elle est ravie, d'après ce que je sais. Depuis qu'on s'est séparés, elle se porte à merveille. Tu imagines à quel point je peux être lourd à porter !

— Et Mafalda, c'est sérieux ?

— Quelle Mafalda ?

— La copine que tu as appelée.

— Pa ! me ! la !

— Oui oui, si tu veux.

— C'est que le début mais elle est superbe, c'est pas une midinette, une petite cervelle, elle a une vraie présence. Quand elle est assise dans une pièce, on ne voit qu'elle. Déjà, elle remplit toute la chaise, et ses jambes on dirait deux troncs ancrés dans le sol, d'un bloc du haut de la cuisse au pied. Elle a des bras et une poitrine où un homme pourrait littéralement se perdre. Je crois que je lui plais. Tu sais, elle est entourée des crétins de la CIA qui parlent toute la journée de protéger les États-Unis.

— Et ils ne le font pas ?

— Bah non, ils vont foutre le bordel chez les autres pendant qu'ici on se ramasse les fusillades, les homicides, les serial killers, les fous à lier, c'est sans fin.

— Ils sont incompétents ?

— Au contraire, ils sont très bons pour foutre la merde, trouve-moi une guerre où ils ne sont pas impliqués pendant ces cinquante dernières années et j'arrête immédiatement de manger ces cookies qui sont très bons par ailleurs, dit Mike en entamant son quatrième, ça doit être le somnifère, ça creuse.

— Nader, il y a eu des guerres où la CIA n'était pas impliquée ces cinquante dernières années ?

— Si on analysait l'ensemble des conflits armés sur la période considérée, on pourrait certainement en trouver un mais ils sont toujours impliqués d'une manière ou d'une autre, soutien plus ou moins direct à une partie au conflit, vente d'armes, influence... ils sont toujours dans le coin.

— Tu vois, dit Mike, je te l'avais dit, toujours...

— D'ailleurs, je pense qu'ils ne sont pas étrangers aux erreurs dans la mesure des monuments historiques mondiaux à forte valeur culturelle, notamment les places, j'ai ma petite idée là-dessus mais je suppose que nous n'avons pas le temps... dit Nader.

— Bien sûr, Nader, on a toujours le temps pour toi, mais là il faudrait qu'on s'arrête, c'est pas pour moi, c'est pour Mike qui n'a rien mangé.

— Il a déjà pris 1 170 calories, soit plus de la moitié de l'apport journalier d'un adulte mâle, dit Nader.

— Demandons à Firouzeh, suggéra Parviz.

— Elle dort, elle doit être épuisée, dit Ali qui n'avait pas osé se redresser depuis le départ, Firouzeh s'était endormie sur son épaule.

Firouzeh, qui somnolait en écoutant vaguement la conversation, sortit de sa torpeur.

— Parviz, arrête-toi à la prochaine aire. Allez commander, je vous rejoins, prenez-moi un grand café, dit-elle en farsi, puis en anglais pour Mike : Tu n'oublies pas, Reno est entre nos mains, tu te tiens tranquille et tout ira bien.

En marchant vers les toilettes des femmes, elle repensa à son rêve de devenir une grande danseuse vingt ans plus tôt. La danse était interdite, elle s'était rabattue sur la gymnastique. Et, aujourd'hui, elle allait tuer celui qu'elle regardait comme le plus grand danseur vivant, « et rien ne peut nous arrêter, ni la CIA ni le FBI, tout semble me pousser vers cette issue… que nous réprouvons tous les quatre… ». Elle comprit, à cet instant qu'elle n'avait pas été entraînée pour le faire, elle avait été entraînée pour l'assumer.

Alors qu'elle rejoignait le restaurant, elle vit Mike se tordre de rire entre Ali et Parviz.

La table était recouverte de hamburgers, de hot-dogs, de donuts, de muffins, d'œufs au bacon, de frites, de sodas de toutes les couleurs.

— C'est quoi ça ? demanda Firouzeh sur un ton redevenu dur.

— Après tout, c'est notre invité, lui dirent les trois presque en même temps tandis que Mike enfournait un immense morceau de bacon.

— Ce n'est pas parce que nous sommes en mission et qu'il est notre otage que nous devons faillir aux règles de l'hospitalité iranienne, dit Nader.

— ... qui sont ancrées au plus profond de notre histoire, dit Ali en se levant. Du temps où l'Iran était sur la route de la soie, les commerçants du monde entier s'empressaient dans les caravansérails perses. À cette époque, tous les peuples de la Terre nous enviaient notre philosophie de la vie, nos poètes, notre artisanat, notre cuisine si variée, si riche...

— Mais malheureusement aujourd'hui à l'origine d'une épidémie d'obésité dans notre pays ou, pour certains, dit Nader en regardant Parviz, de rétention d'eau.

— Si ça vient des caravansérails et des chameaux, à votre santé ! dit Firouzeh qui ne put s'empêcher de sourire. On est dans les temps, notre audition est prévue cet après-midi. Au niveau des répétitions, ça a été moyen, voire très moyen, voire très très moyen... dit-elle pensive, puis se reprit : Parviz, tu es l'énergie du groupe, il y a dix ans tu remplissais déjà l'espace ; Nader, tu es le métronome, tu canalises l'énergie de Parviz, tu lui donnes une enveloppe ;

Ali, tu apportes la fluidité de l'ensemble, c'est toi qui lies l'énergie et l'enveloppe, à vous trois ça sera parfait.

Elle s'arrêta quelques instants. Elle se sentait émue. Eux aussi.

— Ces derniers jours, dit-elle, j'ai pu paraître un peu fatiguée mais vous avez été à la hauteur. Je suis très fière d'avoir vécu ces moments avec vous et je suis certaine qu'au-delà de l'audition vous saurez vous montrer à la hauteur de notre drapeau. Notre chemin n'a pas commencé la semaine dernière mais il y a dix ans lors de notre première rencontre. Je sais les concessions, les efforts que vous avez fournis pour en arriver là. Notre pays, notre patrie, notre peuple vous en seront toujours reconnaissants, mais je voulais personnellement vous remercier de me faire confiance. Nous avons survécu à beaucoup d'événements, ils ont tout essayé, la CIA, le FBI et surtout, surtout… une tentative de nous assassiner par la nourriture, et si l'on survit à ce repas, rien ne pourra nous arrêter !

Ils baissèrent tous trois le visage en même temps, gênés par leur émotion.

Mike n'avait pas compris un mot mais se dit que pour des terroristes ils avaient l'air plutôt sympas et leur sens de l'hospitalité bien plus poussé que les abrutis de la CIA.

Firouzeh s'assit en face de lui :

— Mike, on va arriver à Los Angeles maintenant, on va rencontrer d'autres gens, on va être en public, je n'ai pas envie de te faire mal. Pour ta vie et pour celle de Reno, tu fais ce qu'on te dit et tout se passera bien...

Parviz revenait avec deux énormes milk-shakes banane :

— Et tu retrouveras Paloma !

— Pa... mé... la..., dit Mike résigné.

The greatest show on earth

Mike observait les quatre Iraniens discuter dans la voiture. Ils parlaient fort, changeaient tout le temps de ton, un instant graves et, l'instant d'après, éclataient de rire. Chaque fois, Parviz disait à Mike : « C'est vraiment dommage que tu ne comprennes pas l'iranien, c'était très drôle ! »

Il se remémorait les heures enfermé dans une voiture à manger des sandwichs et à râler sur les problèmes du FBI. Il ne se souvenait pas d'avoir autant ri ces vingt dernières années que ces quatre-là en moins d'une heure.

Pendant un instant, il les envia. Leur légèreté. Leur prévenance à son égard. Il ne voyait pas en quoi ils représentaient une menace mais il devait rester rationnel, il était leur prisonnier et ils tenaient Reno dont la vie dépendait de lui maintenant. Il fallait être malin, il devait trouver un moyen de prévenir les autorités et d'en sortir glorieux, ça lui donnerait peut-être des chances avec Pamela qui était devenue son seul objectif. Il devait se ressaisir et reprendre sa mission.

Dès qu'ils pénétrèrent dans Los Angeles, Parviz ralentit. Être là était un rêve d'enfant.

— Ici, sur votre droite, dit Nader, le studio dans lequel la mère de Marylin Monroe montait des films. Il s'agissait, à l'époque, de découper et recoller indéfiniment des morceaux de pellicules, tâche demandant une grande adresse et une immense patience, le plus souvent réalisée par des femmes. Certains biographes ont estimé que la jeune Marylin voyant sa mère user ses yeux sur des morceaux de film s'était juré d'y figurer un jour en première place, d'autres pensent que son attitude s'explique par une relation troublée avec son père qui la rendait particulièrement sensible au regard des hommes plus vieux, enfin d'autres encore – et parmi eux de nombreux représentants du corps médical – estiment qu'il s'agissait d'un banal cas de bipolarité aiguë...

Ils roulaient lentement, Nader leur décrivait la ville en iranien. Ils devaient repérer les lieux stratégiques pour un attentat, pensa Mike. C'était ça, derrière leurs airs sympathiques, ils préparaient un nouveau coup comme celui des tours jumelles. Un truc assez gros pour que les États-Unis déclarent la guerre, Los Angeles était une ville symbole.

Il fallait se rendre à l'évidence, O'Connor avait raison, il avait été naïf.

Tout d'un coup, le Staple Chase Center était devant eux. Parviz s'arrêta. Un silence s'installa dans la voiture.

— Vous allez poser une bombe au Staple Chase ! cria Mike. Tuer des milliers d'innocents, mères, pères, enfants venus voir un spectacle en famille ! Abattez-moi s'il le faut mais je ferai rempart de mon corps pour éviter un bain de sang.

Les quatre se regardèrent interloqués puis éclatèrent de rire.

— Une bombe dans un stade, mais tu es fou ? dit Ali en riant. Nous ? Mettre une bombe ? On se ferait exploser avant de faire sauter qui que ce soit !

— T'es pas bien ?! Tuer des femmes et des enfants innocents, non, mais tu nous as pris pour des Américains ?! ajouta Parviz.

— Mon pays ne fait pas ça, dit Mike.

— Tu devrais aller faire un tour en Irak, dit Nader.

— Plus besoin de me mentir, je sais très bien que vous avez l'intention de faire exploser le Staple Chase Center, dit Mike vexé mais soulagé de ne pas avoir eu à se sacrifier pour son pays, je vous ai déjà entendu dire : « Je me sacrifierai pour toi » ou « Je serai ton martyr ».

Ils éclatèrent de rire de plus belle. L'habitacle allait exploser.

— Ce sont des formules de politesse iraniennes qu'on utilise tout le temps comme... Nader, aide-moi, dit Firouzeh.

— Il n'y a pas d'équivalent fidèle de nos formules dans d'autres langues, sauf évidemment en Afghanistan où les habitants de certaines contrées utilisent une forme dérivée de notre farsi, dit Nader.

— On va danser, reprit Firouzeh, on va passer une audition et pendant que les garçons seront sur scène tu te tiendras bien tranquille à côté de moi, c'est clair ? Sinon, la seule chose sacrifiée sera toi et Reno. Allez vous préparer, je vais briefer notre ami.

Ils sortirent de la voiture.

— Mike, je te le répète encore une fois, on ne veut pas de violence. On va rentrer là, les trois garçons sont attendus pour une audition. Tu vas venir avec nous. Si on te pose des questions, tu dis simplement que tu es du FBI. Tu peux même montrer ta jolie plaque s'il le faut et tu dis que tu es notre escorte. Une espèce de garde du corps. C'est clair ?

— Oui, mais pourquoi ce cirque si c'est juste pour danser ? Vous auriez pu le dire.

— Contente-toi de suivre mes ordres. Reste à côté de moi et n'oublie pas, je suis armée et si ça part de travers je n'hésiterai pas une seconde. Le problème, c'est que je tire toujours trop bas…

Ils rejoignirent les trois garçons. Tous les trois portaient le costume blanc de Michael dans *Smooth Criminal*. Firouzeh rajusta le col de Nader, sortit la chemise de Parviz de son pantalon, mit le chapeau d'Ali légèrement de travers. Elle s'écarta un peu.

— Vous êtes magnifiques ! Je suis fière de vous ! Allez !

Ils marchèrent jusqu'à l'entrée. L'agent de sécurité les arrêta :

— Hey le carnaval, c'est pour quoi ?

— Nous sommes attendus pour une audition de danse, dit Ali.

— Oui, et moi on m'attend pour être pape mais je peux pas laisser mon poste. Tu crois que n'importe qui déguisé en Michael peut entrer ici ? Le gros, là, bien sûr il danse ? demanda le garde.

— Nous sommes très fatigués, nous sommes attendus, vous n'avez qu'à vérifier, dit Nader.

— Moi, je vérifie rien du tout le cave, soit on vient vous chercher soit du balai !

Un simple gardien les empêchait d'atteindre Michael. Un simple gardien allait décider du sort d'une nation. Firouzeh se sentit d'un coup impuissante. Elle n'entrevoyait aucune solution. Elle ne pouvait pas sortir son arme en public. Ali s'approcha de Mike.

— Mike, on a besoin de toi, là, maintenant.

— Je ne veux pas être mêlé à vos actions, hors de question, fini pour moi.

Ali le prit à l'écart.

— Mike, tout cela peut te paraître fou, je te demande de me faire confiance. C'est vraiment important qu'on accède à cette audition. C'est important comme quand Colomb a découvert les États-Unis, on a marché sur la Lune, on a construit les pyramides d'Égypte, on a signé la *Magna Carta*, on a inventé l'imprimerie, on a aboli l'esclavage. Cela pourrait changer la vie de millions de gens à jamais.

— Je ne comprends rien à ce que tu me dis, je ne veux pas vous aider. Même si ta copine me menace avec son flingue, je ne ferai rien. Estime-toi heureux que je ne balance pas tout au gardien.

— Mike, c'est important comme… simplement un bon repas entre deux amis qui se font confiance. S'il te plaît, dit Ali en regardant Mike dans les yeux.

Personne n'avait regardé Mike comme ça depuis des années. Sans comprendre pourquoi, il s'avança vers le gardien en montrant sa plaque.

— Écoute, le pape, je suis l'Agent spécial Mike Gomes, du FBI, je me coltine ces clowns depuis trois jours et je voudrais bien rentrer chez moi, alors tu vas bien gentiment les conduire là où se passent les auditions ou je demande à mes services de mener une petite enquête sur toi et cette histoire de pape.

— Ok ok, ne vous énervez pas, si on paye le FBI pour accompagner des clowns, allez-y, je crois que ça se passe sur la scène principale mais ça a commencé depuis ce matin, je sais pas s'il y a encore quelqu'un.

Ils n'en croyaient pas leurs yeux. Après s'être perdus plusieurs fois dans les couloirs, ils débouchèrent au centre de l'immense arène. De l'autre côté de la salle, un homme s'agitait dans le poste de réglage. Les musiciens répétaient des fragments de mélodie. Ils regardaient de tous côtés sans oser bouger. C'était bien plus grand que tout ce qu'ils avaient imaginé.

— Hey ! Vous foutez quoi, là ?! Le buffet, faut le livrer dans la salle d'à côté, hurla le type depuis le poste de réglage.

— Bonjour monsieur, nous ne sommes pas là pour le buffet, nous venons passer une audition, nous sommes des danseurs, cria Firouzeh à travers la salle.

— Mais ils sont où, les danseurs ?

— Pardon ? demanda Firouzeh.

— Y sont où, les mecs qui doivent passer l'audition ?

— Là, dit Firouzeh en montrant les garçons.

— Ah… dit l'homme un peu étonné, je suis désolé mais c'est trop tard, le responsable de la chorégraphie est parti. Désolé, les gars.

— Non c'est pas possible, nous devons auditionner, insista Firouzeh, nous étions inscrits.

— Écoutez, les gars, inscrits ou pas inscrits, fallait venir à l'heure, j'ai pas vraiment le temps de m'occuper de vous. Je suis vraiment désolé.

— Mais nous venons de très loin et nous sommes très fatigués, dit Firouzeh qui tout d'un coup se sentit vide.

— Je sais, on vient tous de loin et on est tous fatigués mais j'ai personne qui peut vous auditionner, je ne suis pas le responsable des chorégraphies, il est parti, je suis vraiment désolé, les mecs, il fallait venir ce matin.

— Je vous en prie, dit Parviz, c'est vraiment important, très important pour nous…

— Je comprends mais j'ai personne pour vous auditionner. Le responsable n'est plus là et on se préparait à répéter.

— Moi, je peux les auditionner, dit une voix douce en provenance de la scène.

— Quoi ? dit le régisseur.

— Moi, je peux regarder ce qu'ils savent faire. Cela vous conviendrait ? demanda Michael en se tournant vers eux.

Il s'avança au bord de la scène. Il ne marchait pas, il glissait sur le sol. De près, il était encore plus gracieux et fragile que dans ses clips. Il semblait surnaturel.

— Vous êtes prêts à danser, leur demanda-t-il.

Les trois étaient muets.

— Ils sont prêts, ils doivent l'être, c'est leur dernière chance, dit Firouzeh très calme.

— Allez-y, montez sur scène, dit Michael. Larry, mets *Smooth Criminal*, ça ira bien avec leurs tenues. Vous êtes magnifiques.

Nader, Parviz et Ali s'avancèrent sur la scène.

— Toi aussi ? Tu peux auditionner ? demanda Michael à Mike.

— Euh non... Je ne fais que les accompagner, je ne sais pas danser.

— Tout le monde sait danser... répondit Michael.

Les garçons s'approchèrent timidement de Michael sur la scène. Aucun des trois ne pensait que tout cela était réel. Il se tourna vers eux :

— Ne soyez pas timides, vous êtes superbes, très beaux costumes, je vais aller vous regarder depuis la fosse.

C'était allé trop vite, ils n'avaient pas eu le temps de se préparer mentalement.

— On se reprend, on prend position, on ne rate rien, dit Ali, c'est le moment que nous attendons depuis dix ans.

Il se mit avec Nader quelques mètres derrière Parviz. Ils regardèrent Firouzeh qui hocha la tête pour les rassurer. Ils avaient du mal à croire que Michael Jackson les regardait.

— Quand vous êtes prêts, on lance la musique, la scène est à vous, éclatez-vous, montrez-moi du rythme, dit Michael toujours souriant.

Ali jeta un coup d'œil sur Nader et Parviz.

— *Just call my name*, lança-t-il.

— *And I'll be there*, répondirent les deux autres.

Ali fit signe à l'orchestre et la basse de *Smooth Criminal* commença, une des choristes remplaçait Michael au chant.

Dès les premières mesures, les trois garçons se lancèrent dans une chorégraphie très maîtrisée. Comme l'avait dit Firouzeh, ils se complétaient à merveille. Parviz dégageait une superbe énergie. Nader imposait à l'ensemble une perfection des mouvements. Ali rendait l'ensemble fluide. Les mesures s'enchaînaient, les garçons se sentaient de plus en plus sûrs d'eux. Chaque mouvement était meilleur que le précédent.

Firouzeh n'en revenait pas, elle dont la seule répétition s'était soldée par un téléviseur écrasé.

Mike était subjugué.

Les techniciens s'étaient arrêtés pour regarder.

Michael les observait d'un œil professionnel en battant la mesure de la main. Son sourire en disait long sur la qualité de la prestation.

Parviz, souriant, au centre, ne s'était pas senti aussi léger depuis longtemps, il savait que sa place était ici, en ce moment, entouré de ses deux amis. Les années de répétition lui revenaient naturellement, il n'avait pas besoin de faire d'effort.

Nader était très concentré, il comptait les pas et les mesures, il savait que ses deux amis le suivaient, il ne devait pas les laisser tomber.

Ali se laissait aller dans le rythme sans réfléchir. Il donnait son meilleur pour ses amis, sa famille, Firouzeh, Darius et l'Empire perse. Après tout, ils étaient la dernière chance.

Firouzeh voyait ses dix ans d'efforts récompensés. Ils avaient tout intégré, rien oublié, ils avaient même mûri, tout semblait naturel.

Dès l'arrêt de la musique, les techniciens, les musiciens, les autres danseurs applaudirent.

— Je n'ai jamais vu danser aussi généreusement. Vous avez beaucoup à donner. C'était superbe, dit Michael. Restez sur scène, on va reprendre avec les autres danseurs, je voudrais voir ce que ça donne.

— Michael, tu es sûr ? demanda Kenny, le régisseur, au micro.

Michael se tourna vers lui :

— Certain. Ces danseurs, c'est notre plus grande chance. C'est un don de Dieu. On lance la répétition comme prévu avec eux en plus.

Puis il se tourna vers Firouzeh :

— Ils sont magnifiques. Qui êtes-vous ?

— Leur chorégraphe, lui répondit-elle, s'étonnant de ne pas être intimidée.

— Superbe boulot, j'ai rarement vu ça et vous devez être leur agent, c'est super, dit-il en serrant Mike dans ses bras.

— Je... dit Mike à qui tout semblait irréel.

— On finit la répétition et vous vous occuperez des contrats, reprit Michael en regardant Mike. Super, je suis si content que vous soyez venus. Ils sont magnifiques. Ils dégagent tellement d'amour.

Michael monta sur scène pour entamer la répétition.

This is it

Sur scène, Michael dansait, chantait puis s'arrêtait au milieu d'un morceau pour faire jouer une note plus douce, plus funk, plus rock, pour faire accélérer un pas ou un mouvement de bassin et reprenait au même endroit ou dix mesures plus loin en attendant que les danseurs et les musiciens le rattrapent. Aucune erreur n'était permise.

Il avait réparti les trois garçons parmi ses danseurs. Ali, Nader et Parviz connaissaient leurs chorégraphies sur le bout des doigts ; après deux morceaux, tout le monde trouvait leur présence naturelle.

Mike suivait la musique en se disant que tous ces tubes étaient dans son inconscient. Il avait complètement oublié sa mission.

Pour Firouzeh, la première manche était gagnée. Ils n'avaient plus qu'à attendre le moment opportun pour passer à l'action. Elle savait que ça lui coûterait mais elle avait été choisie pour mener cette mission et elle serait digne de la confiance de son pays. Portée par l'action, elle se concentrait sur le but final.

— Mike, on y va, dit-elle.

— On va où ?

— Passer le coup de fil.

— Quel coup de fil ?

— Pamela, t'as oublié ?

— Non j'ai pas oublié mais c'est vraiment superbe ce qu'ils font, dit Mike transporté.

— Oui je sais, je suis leur chorégraphe, dit-elle sèchement.

Ils gagnèrent un couloir à l'écart.

— Qu'est-ce que je lui dis ? demanda Mike.

— Tu lui dis que tout va bien, que Reno est occupé et qu'on ne fait que danser. Tu lui dis que tu ne vois rien d'inquiétant et ensuite tu la dragues comme tu le fais si bien.

Elle sortit le téléphone de Mike et composa le numéro. Au moment où Pamela décrocha, Firouzeh posa son pistolet sur l'entrejambe de Mike.

— Allô, Pam, c'est Mike, comment ça va ?

— Ça pourrait aller mieux, Reno est avec toi ?

— Oui, oui, plus ou moins, il est avec moi mais là il dort dans la voiture.

— Comment ça ? Reno ne dort jamais, enfin d'après lui.

— Oui mais là il avait vraiment très mal à la tête, alors il a décidé de dormir un peu, tu sais quand tu le verras tu comprendras, il a – comment dire ? – un peu enflé de la tête, trop de travail, trop de pression.

— Qu'est-ce que tu racontes ? Je ne comprends rien, s'il ne va pas bien, il faut qu'il voie un médecin.

— Non, non, c'est rien, ça va passer, un peu de repos et il sera sur pied. Je lui dis de t'appeler dès qu'il va mieux.

— Et nos amis, ils en sont où ?

— Tu ne vas pas le croire.

— Probablement pas.

— J'ai fait exactement ce que tu as dit, j'ai aiguisé mon flair et mon instinct pour guetter le moindre signe.

— Ah bon, tu sais faire ça ?

— Qu'est-ce que tu crois, vingt-sept ans au FBI, ça vous forme un homme, ça vous transforme en fin chasseur, en expert de l'âme humaine, tu vois ?

— Oui, je vois, nappage et donuts, et du coup t'as découvert quoi ?

— Eh bien rien, ils sont inoffensifs. Je les suis de près, très près, dit-il sentant la pression de l'arme augmenter légèrement sur ses testicules.

— Mais ils sont où, là ?

— Au Staple Chase Center à Los Angeles.

— Mais qu'est-ce qu'ils font ?

— Ils dansent.

— Comment ça, ils dansent ?

— Ils sont sur scène avec Michael Jackson qui prépare son spectacle et ils dansent.

— Tous ?

— Non, les garçons. La fille, elle a l'air de les coacher, de près d'ailleurs.

— Tu ne me racontes pas de conneries ? Dans une heure, je reporte à mon chef et je vais lui dire : « Le mec des donuts a appelé, grâce à son flair on sait que la menace prioritaire détectée par nos agents est en train de danser avec Michael Jackson à Los Angeles, que l'élite de notre agence dort dans une voiture et que la surveillance est assurée par un mangeur de donuts du FBI » ?

— Oui, tu peux ajouter qu'avec leurs discours à la con sur les menaces, ils en voient peut-être un peu trop partout.

Vous m'avez demandé de suivre des gars, je l'ai fait, et les mecs sont en train de danser.

— Et la fille, tu l'as pas perdue ?

— Ça non, je la surveille de tellement près que j'ai l'impression qu'elle est entre mes jambes, dit-il avec un sourire à Firouzeh. J'y suis pour rien si vous vous êtes plantés. La seule chose positive de tout ça, c'est qu'on ait pu se rencontrer.

— Quoi ? Qu'est-ce que tu racontes ?

— Bah tu vois, j'écoutais *Billie Jean* en les surveillant et ça m'a fait penser à toi, surtout quand il chante : « Elle était plus comme une belle reine sortie d'une scène de film. »

— Mais qu'est-ce que tu racontes ?

— Oui, tu es comme sortie d'un film, genre Ursula Andress quand elle sort de l'eau dans James Bond.

— Mais tu te fous de moi ou quoi, je fais deux fois son poids !

— Justement, je trouvais qu'elle avait l'air malingre dans le film.

— Écoute, Mike, tu peux arrêter tes conneries ? Je reporte à des gens sérieux et je n'ai rien à leur dire d'intéressant, à part ce que tu me dis qui n'a aucun sens.

— Comment ça, aucun sens ? Je te fais des compliments et tu dis que ça n'a aucun sens ?

— Mais t'es agent du FBI ! Je veux pas des compliments, je veux un rapport !

— Justement, je me demandais si je n'allais pas arrêter tout ça. Tu sais, j'ai des propositions très sérieuses pour devenir agent artistique et sûrement j'aurais moins de...

— Stop, stop, j'en ai eu assez pour aujourd'hui. Ne les perds pas de vue, j'ai pas le temps pour les mecs qui font la crise de la cinquantaine...

— Je ne fais pas de crise, je n'y peux rien si vous me faites suivre des artistes et que je dois m'adapter à leur monde.

Firouzeh lui fit signe d'écourter la conversation.

— Faut que j'y aille, la répétition se finit. Je te tiens au courant s'il y a du nouveau. À l'occasion, quand tout ça sera terminé, allons boire un verre ensemble, je te raconterai Michael Jackson, il est absolument incroyable.

— Oui, sûrement, dis juste à Reno de m'appeler, tumeur à la tête ou pas je dois avoir un rapport digne de ce nom... Putain de *Billie Jean*, dit-elle en raccrochant.

— Elle a l'air accro, non ? demanda Mike à Firouzeh qui le regardait médusée ; l'espace d'un instant, elle se dit qu'il aurait pu être iranien.

— Oui oui, tout à fait. Viens, on retourne dans la salle de concert.

La répétition venait de s'achever, tout le monde se félicitait. Larry remercia les danseurs et musiciens réunis en cercle autour de Michael. Il dit alors, d'une voix très douce :

— Je voulais vous remercier pour ce que vous m'avez donné. Nous sommes à quelques jours du premier show et ça commence à être parfait. Je vous remercie de croire en ma vision et de me suivre. Je sais qu'on me surnomme « le roi de la pop » mais j'étais un roi déchu. Comme chacun d'entre vous le sait, j'ai traversé une période sombre, je me suis perdu, je ne savais plus qui j'étais. C'est horrible de se réveiller le matin sans savoir ce qu'on veut, qui on est. Comme certains d'entre vous ont dû en faire l'expérience, quand on sombre, on voit ceux qui prétendent être vos amis vous abandonner. C'est ironique mais j'ai connu la solitude la plus extrême, des journées sans prononcer un mot, seul face à moi-même. J'ai trouvé la lumière quand j'ai compris que je devais remonter sur scène, que tout le reste n'était qu'un bruit de fond. Je ne peux pas vivre en dehors de la musique et du show. J'ai ce besoin fondamental de donner.

Il s'interrompit quelques instants. Il semblait retenir son émotion.

— J'ai essayé de remonter la pente seul mais j'ai échoué et si, aujourd'hui, je sens que je peux produire le plus beau spectacle pop jamais donné, c'est grâce à vous tous. Votre travail acharné, votre énergie, votre amour me portent au-delà de ce que j'aurais eu la force de faire seul. Je n'ai qu'un mot à vous dire...

Il s'interrompit de nouveau.

— Merci d'être là pour moi. Merci à tous. Vous êtes formidables. Je vous aime.

— Merci, Michael, nous t'aimons, merci, répondirent visiblement émus les musiciens, les danseurs, même les techniciens.

Une fois Michael parti, Larry, le manager de Michael, s'approcha de Firouzeh et Mike accompagnés des trois danseurs.

— C'est bon, on les garde, ils sont super, les gars. Ce soir, garden-party dans la résidence de Michael, vous êtes évidemment invités, bienvenue dans la famille, on y va maintenant.

Firouzeh échangea avec les garçons un regard lourd de sens.

Heaven can wait

La garden-party était comme un rêve sans fin, des statues de héros de Disney... des fontaines entourées de buffets. Ali, Parviz et Nader se sentaient dans leur élément entourés des autres danseurs.

Mike toujours surveillé par Firouzeh les regardait. Il ne comprenait toujours pas pourquoi ils le retenaient en otage. Vers 19 h 30, Michael vint voir Firouzeh :

— Je vais maintenant me retirer mais voulais vous dire combien j'avais apprécié la performance de vos élèves, je sais l'immense travail que cela représente, le nombre de répétitions épuisantes que vous avez dû diriger, surtout ces derniers jours. Ils ont été magnifiques, je serai heureux de travailler avec eux dès demain.

— Je vous remercie, dit Firouzeh en inclinant la tête.

— Mouvement de tête plein de grâce... lui dit Michael en s'éloignant.

Firouzeh était surprise par la voix de Michael, si puissante quand il chantait, si douce quand il parlait. En le regardant rejoindre la maison, elle prit conscience qu'à cause d'elle, de leur mission, il n'y aurait pas de demain pour Michael Jackson. Elle pensa qu'elle pouvait encore renoncer mais imagina les rues de Téhéran parsemées de cadavres et se dit que, pour éviter une guerre civile, elle devait sacrifier un homme, fût-il celui qu'elle admirait le plus.

Quelques minutes plus tard, tout le monde s'amusait dans le jardin quand Firouzeh poussa Mike vers le salon en faisant signe aux garçons de la rejoindre. Nader les guida vers la chambre de Michael, il avait appris le plan de la maison par cœur. Ils progressèrent dans le couloir puis s'arrêtèrent devant une porte à digicode.

— C'est quoi ça, Nader ? Peut-on le craquer ? demanda Firouzeh.

— Alors, nous sommes devant un clavier classique à neuf chiffres et trois lettres, ce qui fait un nombre de possibilités quasi illimité selon l'appréhension que l'on a de l'infini. Si on essaie par exemple, presque trop facile, la date de naissance de Michael... ça ne marche pas, le nombre de ses enfants multiplié par l'âge de son père... ça ne marche pas, la date de sa première apparition sur scène... non plus, la date de naissance de son père ajoutée à celle de sa mère... non plus, la date de son prochain spectacle... non plus.

— Nader, on n'a pas trop de temps, dépêche-toi, dit Firouzeh.

— Vous allez échouer, dit Mike qui pensait qu'ils voulaient cambrioler ou enlever Michael Jackson.

Mike se dit qu'il devait tenter quelque chose, il se rappela ses entraînements de combat rapproché, ce serait l'occasion de briller auprès de Pamela. Il donna un coup de coude de toutes ses forces dans le torse de Parviz qui ne comprit pas qui lui avait donné cette tape d'enfant. Mike essaya ensuite de se mettre derrière Firouzeh pour l'étrangler, mais Parviz fut plus rapide. Il lui attrapa le bras et lui dit : « Maintenant, je peux te casser tous les os du bras, tu auras tellement mal que tu n'auras plus la force de crier » en lui écrasant le visage contre la porte qui n'était pas fermée et s'ouvrit.

Les trois garçons avec Mike et Firouzeh se précipitèrent dans la chambre à coucher.

Michael était immobile sur son lit. Ils restèrent interdits. Ali s'approcha le premier :

— On dirait qu'il est mort.

— Pour s'assurer de la mort, il faut qu'il n'y ait ni pouls ni respiration, dit Nader.

Parviz ne bougeait pas. Mike était pétrifié. Ali se pencha et toucha le poignet de Michael :

— Pour le pouls, je ne sens pas grand-chose et, pour la respiration, il n'a pas l'air de respirer beaucoup. S'il n'est pas mort, il fait super bien semblant. Michael, Michael, dit Ali en le secouant, mais Michael ne bougeait pas.

— S'il est mort, on s'en va, la mission est accomplie, on s'en va, dit Firouzeh en se dirigeant vers la porte.

Puis soudain, elle s'arrêta. Elle se rappela le premier moonwalk qu'elle avait réussi. Elle se souvint de la sensation du parquet sous ses pieds, du sourire de son père qui la regardait, du déclic chez la petite fille ; l'impression de créer une autre réalité avec son corps... Elle se précipita sur Michael et commença à lui prodiguer un massage cardiaque en disant :

— Mais vous faites quoi, les garçons ? Venez m'aider à le porter, on ne va jamais réussir à le réanimer sur le lit.

Les trois se précipitèrent. Mike ne comprenait plus rien et ne songea même pas à s'échapper. Ils déposèrent Michael sur le sol. Parviz prit le relais pour le massage cardiaque.

— Parviz, dit Nader, il s'agit de le réanimer, pas de lui briser les côtes. Toi, Ali, tu bascules sa tête pour dégager sa gorge et tu lui fais du bouche-à-bouche toutes les trente pressions.

Firouzeh se tourna vers Mike :

— Mais qu'est-ce que tu fais ? Va chercher du secours.
— Et un défibrillateur si tu en trouves un, rajouta Nader.

Mike trouva rapidement l'infirmier de Michael et, quelques minutes plus tard, il revenait avec un défibrillateur. Michael était toujours inanimé entre les mains de Parviz, Ali et Firouzeh pendant que Nader exposait ses vues sur les différentes méthodes de réanimation.

Mike regardait, ahuri, la scène. Le défibrillateur fut installé rapidement par Nader et les premiers chocs délivrés sans succès. Parviz reprit aussitôt le massage cardiaque, les larmes aux yeux. Il appuyait de plus en plus fort. L'infirmier commença à le ventiler.

Après une minute, Nader décida une seconde série de chocs. Ils s'écartèrent. Le corps de Michael se tendit d'un coup. Ils reprirent espoir. Mais l'électrocardiogramme resta plat.

History

Akbar avait été prévenu de la visite du Guide suprême à la dernière minute. Les trois derniers jours, tout avait basculé. La mort de Michael Jackson avait été couverte par quatre-vingt-dix-sept pour cent de la presse mondiale. Elle avait balayé la révolte iranienne.

D'habitude, Akbar devait aller voir le Guide – ce qui n'était jamais une partie de plaisir –, le fait qu'il lui rende visite n'augurait rien de bon. Il était en train d'en parler avec Amir lorsque le Guide entra.

— *Mokhlessam* – je suis votre dévoué –, dit Akbar.

— *Robane shoma* – je suis votre âme –, dit Amir.

— Akbar Jan, Amir Jan, asseyez-vous, *khasteh nabashid* – ne soyez pas fatigués –, dit le Guide.

— À votre service, que puis-je faire pour vous ? demanda Akbar.

— Rien cette fois, je suis venu vous féliciter, cette unité Moonwalk est un chef-d'œuvre. Vous avez révolutionné la façon d'agir des services spéciaux.

— Ce n'est rien, dit Akbar, j'étais persuadé que ces jeunes agents sauraient porter haut la force de nos services, n'est-ce pas colonel ?

— Oui, oui, dit Amir.

— Ce qu'ils ont accompli est admirable, ils ont créé exactement la diversion qu'il fallait. La révolution verte n'est plus qu'un vague souvenir. Où sont-ils maintenant ?

— Nous avions convenu de n'avoir aucun contact avec eux pour éviter qu'on puisse remonter jusqu'à nous. Nos amis du FSB les ont fait disparaître dans la nature à la seconde où leur mission a été accomplie pour éviter que l'enquête s'intéresse à eux. Ils sont quelque part en Amérique du Nord… ou du Sud…

— Quand réapparaîtront-ils chez nous que je puisse les féliciter en personne ?

— Les Russes nous ont dit que, dès leur retour qui passerait inaperçu, nous les reverrions.

— Bravo, c'est un superbe travail.

— Ce n'est rien, dit Akbar.

— Si, ce que vous avez fait est incroyable. Ils ont réussi à tuer Michael Jackson sans que jamais on nous suspecte. Vous pouvez être fiers de vous. Nous saurons vous honorer comme il se doit.

— *Rabl nadarad* – cela n'a pas votre valeur –, nous n'avons fait que notre devoir, dit Akbar.

— Oui, c'est seulement notre devoir, ajouta Amir, le mérite en revient à votre vision.

— Ma vision n'est que…

Le Guide fut interrompu par l'entrée d'Hassan dans le bureau, un plateau chargé dans les mains. Il salua respectueusement le Guide et disposa une tasse de thé devant lui.

— Merci, *khasteh nabashid* – ne soyez pas fatigué –, dit le Guide.

— Je suis à votre service, répondit Hassan en posant une tasse devant Akbar. Les pâtisseries de ma femme sont vraiment excellentes.

— Merci, Hassan Jan, dit Akbar.

— Ma vision n'est qu'une poussière de celle de l'ayatollah Khomeini, reprit le Guide.

— C'est vrai qu'il en parlait souvent, dit Hassan.

— Comment ? demanda le Guide, de quoi parlez-vous ?

— J'étais à son service le soir pendant les derniers mois de sa vie. J'étais jeune à l'époque, les nuits blanches ne me faisaient pas peur. J'avais trente ans, je le regardais comme un vieillard, mais le vieillard c'est moi aujourd'hui…

— Mais que disait-il ?

— Il m'invitait parfois à prier le soir avec lui. Ensuite, nous prenions un peu de thé et les pâtisseries de ma femme. À la fin de sa vie, il ne parlait plus que de l'avenir du pays.

— Ah bon ? Mais comment ? Mais que disait-il, Hassan ? demanda le Guide en l'appelant par son prénom.

— Il disait qu'il faudrait leur rendre le pays.

— Mais à qui ? demanda le Guide.

— Bah d'après ce que j'ai compris, au peuple iranien mais, vous savez, je sers le thé, le reste est un peu compliqué pour moi, si vous permettez.

— Merci, Hassan, dit Akbar.

— Merci... dit le Guide pensif.

Hassan quitta discrètement la pièce comme il était venu, avec le même sourire. Un silence s'installa. Le Guide réfléchissait. Il prit une gorgée de thé, croqua un gâteau, puis une deuxième gorgée, un second morceau de gâteau. Il se leva, posa la tasse vide sur le bureau et dit :

— Il n'est pas question de rendre quoi que ce soit à qui ce soit. Au contraire, il faut renforcer notre pouvoir sous toutes ses formes. Faites-le avec toute la finesse de l'opération Moonwalk, vous avez toute ma confiance.

— Vous me rendez honteux, j'espère être à la hauteur de la mission, dit Akbar.

— Vous le serez, vu ce que vous avez démontré avec votre unité spéciale.

Il se retourna vers Akbar avant de passer la porte :

— C'est vrai qu'ils sont très bons, ces *kouloucheh*.

A place with no name

— Allô ?

— Allô oui...

— Mike, c'est Pam.

— Ah oui, Pam, comment ça va ?

— Putain, Mike, ça fait trois jours qu'on te cherche ! Mais qu'est-ce que tu fous ?

— J'ai décidé de prendre un break, tu sais, j'avais vraiment besoin de changer d'air pour réfléchir à l'avenir... à mon avenir en tant qu'agent artistique, je...

— Écoute, là on a perdu Reno, les quatre Iraniens ont disparu, j'ai pas le temps pour tes conneries sur le sens de la vie. Mais c'est quoi, cette musique derrière ? T'es où ?

— De la salsa, tu sais, au Guatemala...

— Mais qu'est-ce que tu fous au Guatemala ?

— Rien, je... dit Mike en mettant son doigt sur le micro. Merci, Ali Jan, ça fait la troisième fois que tu me ressers ! Oui, Firouzeh est avec les garçons au bar de la piscine.

— Quoi ? Mais à qui tu parles ?

— Rien, une histoire de donuts, je te rappelle plus tard.

— Allô ? Allô ? Putain de donuts !

This is it...

Hassan regagna la cuisine. Il éteignit le samovar. Il remplit un verre de thé et prit une pâtisserie de sa femme. Il s'assit sur le vieux tabouret qu'il utilisait depuis qu'il servait les dirigeants du pays. Il se dit qu'il avait fait du thé pour le Shah, pour l'ayatollah Khomeini, le Guide suprême aujourd'hui... et sa femme des pâtisseries toujours délicieuses. Il but lentement son thé.

Il se leva, rangea les fruits dans le frigidaire, passa une éponge sur la table, vérifia que tout était à sa place et, comme depuis quarante ans, enleva sa chemise de travail usée, l'accrocha au porte-manteau et éteignit la lumière en refermant doucement la porte.

Il faisait très bon en cette nuit de juin, il décida de rentrer chez lui à pied. Il repensa en marchant à ce soir où il avait apporté du thé à l'ayatollah Khomeini. En entrant dans son bureau, Hassan avait vu Khomeini lever les yeux vers lui, il l'avait regardé comme s'il était transparent et avait dit tout haut, bien plus pour lui-même que pour Hassan : « Le peuple est un chien enragé. Il ne faut rien lui donner sinon il vous mord la main. » Hassan sourit.

Avant d'arriver chez lui, il s'arrêta pour sentir le lilas de son voisin. Sa femme préparait des gâteaux pour le lendemain comme tous les soirs. Il l'embrassa sur le front.

— Ça va, mon chéri, *khasteh nabashid* – ne sois pas fatigué.

— *Fedaye to* – je me sacrifierai pour toi –, mon amour. Tes gâteaux étaient extraordinaires aujourd'hui. Le Guide est venu au bureau, il les a beaucoup aimés.

— Ça fait quarante ans que tu me dis ça.

— Mais c'est vrai, depuis quarante ans tes gâteaux sont meilleurs chaque jour.

— Mais ce sont les mêmes chaque jour, mon chéri.

— Non, mon cœur, chaque jour les gâteaux racontent un jour de plus de notre vie ensemble.

— Tu ne changeras jamais.

— C'est trop tard pour ça.

— As-tu faim ? J'ai préparé du coucou.

— Ça sera parfait, j'arrive, je vais me laver les mains.

THIS IS IT…

Hassan adorait l'odeur du savon, il aimait se laver les mains avec de l'eau froide. Après les avoir séchées, il les regarda. Il se dit que la vie d'un homme pourrait être réduite aux rides et aux taches sur ses mains.

— Chéri, le repas.

— J'arrive, un instant.

Il s'assit sur son lit. Il prit son recueil de Hafez et lut un vers au hasard :

« En pleine angoisse, ne perds jamais espoir,
car la moelle la plus exquise est dans l'os le plus dur. »

— Chéri, le repas.

— J'arrive.

Il sourit en se levant pour aller déguster l'excellent coucou de sa femme.

Say Say Say

Alors que le Guide rejoignait sa voiture, la sonnerie de son téléphone retentit ; une version instrumentale persane de *Smooth Criminal*. Il décrocha :

— Oui Michael…

Remerciements

Arash Rafii remercie Baptiste Beaulieu dont les écrits l'ont inspiré.

Jean-Félix de La Ville Baugé remercie Jérôme Garcin, Andreï Makine, Michel Zinc, Jean-Claude Perrier, Bruno de Cessole, Gérard Collard, David Lelait-Helo, Marina Carrère d'Encausse, Christophe Ono-dit-Biot, Olivia de Lamberterie, Anne Fulda, Perrine Tarneaud, Pierre Murat, François de Labarre, Louis Daufresne, Sandrine Bajos, Jean-Paul Mari, Laetitia de Traversay, Karen Lajon, Alain Boinet, Sarah Briand, Aurélie Colomes, Rita Fidone, Michel de Rosen, Antoine-Joseph Assaf, Agnès et Laurent Perpère, Laurence et Arnaud Bret, Ingrid Seithumer, Armelle Le Goff, Bénédicte Marre, Charles-Evrard Tchekhoff, Zéphyr Simon, Serge Hazanavicius, Bertrand Delapierre.

Arash Rafii et Jean-Félix de La Ville Baugé remercient leur éditeur, Stéphane Watelet et leur agente, Isabelle Martin-Bouisset.

Mis en pages par IGS-CP
à L'Isle-d'Espagnac (16)

Achevé d'imprimer en septembre 2024
par Normandie Roto Impression s.a.s.
N° d'impression : 2403477
Dépôt légal : septembre 2024

Imprimé en France